微表情
心理学

MICROEXPRESSION
PSYCHOLOGY

张璐◎著

九州出版社
JIUZHOUPRESS

图书在版编目（CIP）数据

微表情心理学 / 张璐著. -- 北京 : 九州出版社, 2018.10

ISBN 978-7-5108-7489-5

Ⅰ. ①微… Ⅱ. ①张… Ⅲ. ①表情—心理学—通俗读物 Ⅳ. ①B842.6-49

中国版本图书馆CIP数据核字(2018)第221250号

微表情心理学

作　　者　张璐 著
出版发行　九州出版社
地　　址　北京市西城区阜外大街甲35号（100037）
发行电话　（010）68992190/3/5/6
网　　址　www.jiuzhoupress.com
电子信箱　jiuzhou@jiuzhoupress.com
印　　刷　大厂回族自治县德诚印务有限公司
开　　本　880毫米×1230毫米　32开
印　　张　8.25
字　　数　170千字
版　　次　2019年4月第1版
印　　次　2019年4月第1次印刷
书　　号　ISBN 978-7-5108-7489-5
定　　价　45.00元

/ 前 言 /

人心是世界上最复杂、最难看透、却又是最需要了解的东西。因为我们每天都要和不同的人打交道，和不同的人交往，而这些人中大多是我们之前没接触过的，这就需要我们在和他们交往的过程中保持谨慎的同时，也要能尽量掌握他们的心理。这样的话，在面对一些问题的时候，你就能在和他们的“较量”中占得先机，就能够处在一个比较主动的位置上。

那么，我们该用什么方法来透析难测的人心呢？

“任何人都无法保守他内心的秘密，即使他的嘴巴保持沉默，但他的指尖却在喋喋不休，甚至他的每一个毛孔都会背叛他！”这是西方心理学家弗洛伊德的一段经典名言，同时也是我们洞悉人心的入口所在——要想看透别人的内心，了解他的性格，成为善于识人的智者，我们就应该能见微知著，明察秋毫，从微表情着手。

在美国曾经发生过这样一个故事：某个地区发生了一起谋杀案，在问讯一些人的过程中，有一个人引起了警官纳瓦罗的注意。当时，这个被问讯的人有自己不在场的证据，而且语言等其他方面也看不出丝毫破绽，但纳瓦罗依然不停地问他问题。下面是问题中的一部分：

“假如你参与这宗案件，你会使用枪吗？”

“假如你参与这宗案件，你会使用刀子吗？”

“假如你参与这宗案件，你会使用碎冰锥吗？”

“假如你参与这宗案件，你会使用锤子吗？”

而第三个问题中提及的碎冰锥正是案件中的作案工具，被问讯的人心里自然是非常清楚的。当纳瓦罗提到碎冰锥的时候，这个人的眼皮耷拉了下来，一直到第四个问题的出现。这个微妙的变化没能逃过纳瓦罗的眼睛。他当即确定这个人为本案的第一嫌疑人，而后随着侦查的步步深入，最终证明了纳瓦罗判断的准确性。

在这个案件中，纳瓦罗之所以找到了案件的突破口，靠的就是我们现在要讲的“微表情心理学”。

微表情，其实就是日常生活中人们不太在意的那些下意识的举动，比如一个眼神，一个小神态，一个小动作等。它无法伪装，不受控制，最能反映一个人真实的内心世界，告诉你对方此刻正在发生的心理变化。

再善于隐藏的人，也会在某些言行的细节上露出破绽，如果能够抓住这些细节，就可还原他的真实面目。这样，就能够轻易绕过生活中的险滩，从容地融入社会，在面对人生各种挑战时能游刃有余，在人际交往的过程中能够充分掌握局面的主动权，成为人生的赢家。

想一想，如果你能在面试的时候，准确了解面试官在想什么，可能就不会犯那么低级的错误；同样如果你能明白无误地知道自己的女友在想什么，那么就不会在失恋之后还在问：为什么，为什么，为什么受伤的总是我？这些都可以在微表情的帮助下得到解答。

事实上，很多时候我们需要做的并不是将事情本身做多好，而是要知道别人需要我们做些什么。留心观察每个人，从头发到脚趾，从表情到神态，从语言到动作，从行为到习惯……有意地、细微地，在脑子里罗列它所有的特征，观察常人忽略的地方，那么，就能减少对人心、人性的误读，减少人与人之间的误会，就能真正实现人与人之间的有益沟通，进而有效解决问题。

/ 目　录 /

长相折射人格，五官直指人心

语言会骗人，身体不说谎

你的穿着打扮就是你思想的形象

有些话，听到了不等于听懂了

想了解一个人，就跟他一起吃饭吧

每个人，都不过是他习惯的总和

男人来自火星，女人来自金星

玩转微表情，职场更有型

长相折射人格，五官直指人心

1 沉默的眼光中，常有声音和话语

人们常说："眼神是心灵之窗，心灵是眼神之源。"古罗马诗人奥维特也说："沉默的眼光中，常有声音和话语。"我们每个人的喜、怒、哀、乐都能从微妙变化的眼神里真实地流露出来。注视并读懂"眼睛的话"，识人即可事半功倍。

你的善恶，是你的眼神泄露出去的

孟子曰："存乎人者，莫良于眸子。眸子不能掩其恶。胸中正，则眸子了焉；胸中不正，则眸子眊焉。听其言也，观其眸子，人焉廋哉？"说的就是，观察一个人，最好莫过于观察他的眼睛。因为眼睛掩盖不了一个人内心的善恶。心地光明正大，眼睛就会明亮；心地不光明正大，眼睛就灰暗无神。听一个人讲话的时候，注意观察他的眼神，这个人（的美与丑）怎么能够隐匿起来呢？

眼睛可说是脸部最富表情的器官，也是最容易泄露秘密的地方，人类深层心理中的欲望和感情，首先就反映在眼神上。

如果对方的眼神横射，仿佛有刺，表明他（她）对你异常冷淡，如果你想和他（她）交往下去，就应该用心研究他（她）对你冷淡的原因，再谋求恢复感情的途径。

如果对方眼神阴沉，你要明白这是凶狠的信号，你与他（她）交往，须得小心一点，或许他（她）已经有了向你出击的准备了。

如果你不想和他（她）分个高低，那么你最好马上鸣金收兵。

如果对方的眼神流动异于平时，有可能是他胸怀诡计，你万不可轻信他（她）的甜言蜜语，这有可能是钩上的饵，是糖衣炮弹，这时你就要格外小心了。

如果对方的眼神似在发火，便可表明他（她）此刻是怒火中烧，戾气极盛。这时你应该马上借机避开，千万不要逗留，即使一会儿也不行。等对方冷静下来之后，再与其心平气和地交流沟通。因为步步紧逼，只会让事态更加严峻，甚至出现正面的剧烈冲突。

如果对方的眼神恬静，面有笑意，说明他（她）此刻的心情很好，或对于某事非常满意。如果你有求于他（她）的话，这是让他（她）满足你愿望的最好机会；如果你只是想讨他（她）的欢心，你只要说一些恭维的话就可以了。

如果对方的眼神呆滞，唇皮泛白，说明他（她）此刻正处于一种惶恐万状、六神无主的状况，你应该热情而真诚地给予他（她）信心与帮助。

总之，人的每一个眼神都会产生奇妙复杂的语言。只要你用心参悟，必可发现人心毕露。

暗送秋波，是求爱者的制胜手段

在爱情中，眼睛充当了很重要的角色。诸多与爱有关的成语，都提到了眼睛，如暗送秋波、眉目传情、含情脉脉、一见钟情……足可见，四目相望对爱情有多么重要的推动力。

在这类情感传达上，主要是通过注视时间的长短和固定程度来实现的。据《科学美国人》杂志报道，一组人体生理研究报告表明，男女如果对视不多于1秒钟，说明相互之间没有好感；对视2秒钟，表明存在好感；对视3秒钟，可能是情愫暗生；对视4秒钟，表明其感情深厚；对视5秒钟及以上者，就已经到了步入婚姻殿堂的阶段。

可见，透过眼神我们就能揣测出正在和自己交往的人的心理。

关于这一主题，海伦·G·布拉温所著的《性和独身女性》作了极为有趣的描述，其中提到：一个独身女子若在西餐馆等公共场所选中一个男子，直接深情地凝视其眼睛，然后，回过头来与同伴聊天或阅读杂志。接着，做出一种挂念的姿态，再度同样凝视其人，随即垂下头来。如此往复三次就会诱惑对方、引起对方对自己的兴趣。结论是：暗送“秋波”，至今仍是求爱者的制胜手段。

反过来说，那些情感出现问题的情侣或夫妻，也可以用增加“对视”来找回初心。现实生活中，国内外很多婚姻家庭咨询专家就已将“深情对视”用作沟通、深化夫妻感情的手段之一。

例如，在美国加利福尼亚大学圣迭戈分校，心理学家罗伯特·爱泼斯坦就曾进行过“深情对视”的实验。他要求参与者面带微笑、充满爱意地看着对方8秒钟左右。开始时，会有人忍俊不禁，甚至笑出声来。一段时间的调整后，双方就会认真地深情对望。

结果证明，对视前后，参与者彼此间的爱慕程度平均上升7%，喜欢程度上升11%，亲密程度上升45%。如果相互凝望两分钟或以上，89%的人表示，这增强了彼此间的亲密感。

当然，不仅仅是爱情，人际交往中的任何人，都可以通过对话之际的目光接触，来检视对方的关心度、理解度以及对这些话的容忍度。简而言之，对方对自己的注视程度成了判断其人注意集中度的标志，进而，注视和被组合的脸部表情变化都能提供自己想要了解对方的反应。

观察眼神的集中程度

这是指观察对方是眼神四射，不知究竟是在看什么地方，还是眼神凝定，专心一致在看着自己，这些表现所代表的意义是各不相同的。

当对方是男性时，如果他眼神四射，神不守舍，完全不看着你，便表示对你不感兴趣或无亲近感。如果你们正处于交谈中，则说明了他对于你所说的话已经没有兴趣了，甚至已经感到厌倦了。这时你最好赶紧结束你现在的话题，即使再说下去也不会有效果，或找个借口告退，或寻找新的话题，谈一些他感兴趣的事。反之，如果他的眼神凝定并注视着你，则说明他对你感兴趣或者有好感，非常乐意和你谈话，并有意与你做进一步的沟通。

但同样的情况发生在女人身上时，此意义就大不相同了。因为，当女人凝视对方时，往往表示她不愿意将自己内心的真正想法传达给对方。有心理学家做过关于对视的实验，实验分男女两组。实验结果表明，受测者在被指示隐藏内心真实的想法时，男性注视对方的时间会降低，女性反而提高。因此，当你发现一位女人注视你的时间过久的时候，不妨思考一下：她是不是对自己隐藏了什么？

另外，透过眼神的集中程度还可识别一个人的性格特征。美国的一位比较心理学家理查·格西曾做过这样一个实验：观测“自闭症”患儿注视陌生的成年人的时间。他将成年人分两组，一组，蒙着眼睛；另一组，不蒙眼睛。让自闭症患儿分别与两组成人见面，结果发现儿童注视前者的时间是后者的三倍。实验中还发现，当儿童与成人四目相对时，儿童会立刻移开视线。由此可以推断，性格内向的人一般都不愿意注视对方。

观察眼神的活动方向

如果你在谈话中发现对方的眼神上扬，那你最好马上结束你的话题，退而求接近之道。这种眼神表示他已经不想再和你谈下去了，不管你说得如何生动、理由如何充分、说法如何巧妙，都不能提起对方的兴趣了。

如果对方的眼神下垂，甚至连头都不愿抬起，则说明他心事重重，甚至非常痛苦。这时你可以说些安慰的话，然后马上告辞，多说无益。因为这时不管你向他说得意的事还是痛苦的事都只会加重他的痛苦。

如果对方的眼神斜瞥，则可能是鄙视、看不起你。不过，也有例外，当一个人想看清对方，却又不愿让对方知道自己的想法时，也会用斜视来偷看。比如，在一次聚会上，一位年轻貌美的女性突然出现，在场几乎所有人都把目光投向了她，但有位年轻的男士却把脸转到了另一边。难道他对这位美女不感兴趣吗？当然不是，这其实是一种自制行为，他想通过这种方式来压制自己的兴趣。如果这位女性的魅力太强了，他便会用斜视来偷看。

另外，眼神的方向还与职位高低有关。当然，职位越高，眼神也会越高。开会时，领导的眼神会不由自主由高处发出，并直接投射下来。而下属呢？即使没有做错任何事，但眼神却常常由下而上仰视领导，总是显得那么的软弱无力。由于职位高的人为保持对下属的威严，而采用俯视的姿态，而下属则因为敬畏领导而仰视。

思考的眼球都是往上运动的

细细回想一下，或者是我们现在就可以做一个关于思考和眼球运动的实验，当我们在想象一幅画面的时候，比如说想象一下眼前有一座美丽的大山，小桥流水，再想想你和朋友们欢聚的场景，拿起你的镜子，看着你的眼睛，你会发现什么？你的眼球在不自觉地往上运动。就是这样，不管我们的大脑中勾勒的是未来美好的图像，当下开心的时刻，还是过去悲伤的场景，只要是具有一定画面感的回想、思考，我们的眼球都是在往上运动的。

眼球往上走，能将思考者带入到一个有视觉映像的世界中，大脑的思考会在不经意间从我们的身体反应中表露出来。如果你正在仔细地听对方谈话，这时候眼球在中间，代表的意思是你正在聚精会神地获取重要的信息，并在自己的大脑中对这些信息进行处理，以备做出可能的应对。这个时候，你进入的就是听觉的世界。如果你的身体受到了明显的外界刺激，比如说有人打你一巴掌，或者是你的手刺破了，或者是被狗咬了，这时你的眼球在往下运动，这个动作代表的意思是你的大脑正在被情绪控制，处在非理智状态。

从上面简单的介绍，就可以看出来，不同的眼球运动有不同的思考内容，同样，经常性的眼球运动，也能说明一个人的性格问题。

经常性眼球往右上方运动。眼球往右上方运动代表的是视觉想象。比如说你要去相亲，当天晚上你可能会想明天相亲会是什么样的一幅场景，此时你的眼球就在不自觉地往右上方运动。一般来讲，往右上方走代表的多是幻想，虚空的。眼球经常性有这个动作的人喜欢做白日梦，并不是他自己不知道这个行为很可笑，但是很难控制自己。有时候他们的一些想法，看法和普通的逻辑不大相符，也可能是他们经常性的思考，有了一定的结果，所以思维跳跃幅度比较大，一般人跟不上这个节奏，这是有可能的。如果你认为经常喜欢做白日梦是一个非常负面的习惯的话，那就错了。因为这类人由于很喜欢思考，想象，所以他们的创造力，创新精神，能力比一般人要强，而且，如果能将这些想法变为现实，加以实践的话，说不定会有很大很超前的成就。

眼球经常往右下方运动。右下方运动代表的是个人的情绪、感受、身体的接触等。比如说恋爱时的感受，摸到冰凉的石头等这些情况下，人的眼球就会往右下方运动。经常有这个动作的人思考能力特别强，而且思维缜密，不过心思太过细腻。这类人有一个共同的特点：疑心重！他们和别人交往的过程中，总是不自觉地对别人的一言一行产生一定程度的怀疑。别人无心的一句话，能让他们思考很长一段时间，这个时候，他们就会变得很敏感，同时也像是个福尔摩斯，在那里独自推论，看看别人心里到底在想什么东西。

所以，和这类人相处要小心，不要轻易说一些过头的话，动作不宜过大。因为你的一举一动都在他的“监视”之内，每一个细微的动作能逃得过他的眼睛，所以很容易就会被他们发现你在想什么，内心的真实动态非常容易就会被他们获取。这类人还有一个非常明显的特征，就是精明，他们的精明表现在从不吃亏上。如果这类人有过多的金钱来往，显然不是好事。若是偶尔的有这种眼球往右下方运动的情况，就说明这个人的彼时彼刻说的话不能相信，很可能是谎言。

眼球往左上方运动是回忆过去的表现，怀旧是他们的典型特征，甚至让人有点不能接受。往左下方运动代表的是听觉发挥主要作用。比如说你在轻声地哼唱一首歌曲，这时候眼球就会不自觉地往左下方移动。经常有这个动作的人，逻辑思维能力很强，喜欢自由自在，虽说他们一般很聪敏，不过总是给人一种好吃懒做的感觉。

2 你的眉毛，随着你的心情舞蹈

人的所有面部器官，都有其存在的意义，眉毛也不例外。我们都知道，除了装饰作用，眉毛还可以防止汗液、雨水等刺激源在重力的作用下直接侵害眼睛。其实，除了它本身所具备的这些原始功能以外，眉毛还有另外一种重要的作用，那就是表达“心意”。

如果仔细观察，你会发现，每当我们的心情改变，眉毛的形状也会跟着改变，这可以被称为“眉毛的动作”。一般来说，眉毛的动作所产生的重要信号有以下几种：

其一是低眉。当人们受到攻击的时候通常呈现出这种表情，因为这是一种带有防护性的运作，通常只是要保护眼睛，免受外界的伤害。

当然在真正遭遇危险的时候，光是低眉仍不能有效地保护眼睛，一般情况下还需要将眼睛下面的面颊往上挤，以尽可能提供最大的防护，这时眼睛仍保持睁开并注意外界动静的状态。这种上下压挤的形式，是面临外界攻击时典型的退避反应，眼睛突然见到强光照射时也会呈现这样的状态。另外，当人们有强烈的情绪反应，如大哭、大笑或感到极度恶心的时候，眉毛也会产生这种情状。

很多人都把一张皱眉的脸视为凶猛的象征，却很少想到那其实和自卫也有关系。而真正带有攻击性的、一张无畏怯的脸上，呈现的反而是瞪眼直视、毫不皱缩的眉。

其二是皱眉。可以代表很多种不同的心情，例如：惊奇、错愕、诧异、快乐、怀疑、否定、无知、傲慢、希望、疑惑、不了解、愤怒和恐惧。我们想要真正了解其意义，只有从原因上探究。

眉头深皱的人，一般都是很忧郁的。他们基本上是想逃离目前所处的境遇，但却经常因为某些原因不能如此做。如果一个人大笑而皱眉，说明这个人的心中其实是有轻微的惊恐和焦虑，他（她）的姿势中泄露出明显退缩的信息。虽然他（她）的笑可能是真的，但无论他笑的对象是什么，都给他（她）带来了相当的困扰。

皱眉，通常表现出的都是愤怒或为难的情绪！“粗且浓厚的眉毛”在文学作品中意味着具有男子气概，而“皱紧的眉头”则强调了非常紧张的情绪。至于美人，拜伦漂亮的未婚妻认为，“美人的眉毛形状就像天上的彩虹”；在莎士比亚的一部分品中，描写了一个男人在献给他情妇的一首悲哀的歌谣中，就很细致地描绘了情妇那弯弯美丽的眉毛。

其三是眉毛一条降低、一条上扬。这样的形态所传达的信息介于扬眉与低眉之间，一般表示一个人半边脸显得激越、半边脸显得恐惧。而尾毛斜挑的人，心里通常处于怀疑的状态下，因为扬起的那条眉毛就像是提出的一个大大的问号。

其四是打结的眉毛。一般是指两条眉毛同时上扬及相互趋近，和眉毛斜挑一样。这种表情通常预示着严重的烦恼和忧郁，比如一些患有慢性疼痛的患者就会经常如此。而急性的剧痛产生的是低眉而面孔扭曲的反应，较和缓的慢性疼痛就会产生眉毛打结的现象。

其五是闪动的眉毛。在某些特定的情况下，眉毛的内侧端会拉得比外侧端高，而成吊客眉似的夸张表情，一般人的心中如果并不那么悲痛的话，是很难勉强做到的。眉毛先上扬，然后在几分之一秒的瞬间内再降下来，这种向上的闪动的动作，是看到其他人出现时的友善表情。它通常会伴着扬头和微笑的神情，但也可能单独表现出来眉毛闪动也常见于一般的对话里，这是作为加强语气而应用的。

每当说话的时候要强调某一个字时，眉毛就会伴随着扬起并瞬即落下，像是不断强调：“我说的这些都是很惊人的！”如果一个人的眉毛连闪，是表示“哈罗！”连续连闪就等于在说：“哈罗！哈罗！哈罗！”如果前者是说“看到你，我真惊喜！”则后者就是在说“我真是太意外，太高兴了！”

其六是耸眉。这样的眉毛动作也经常出现在人们交谈的过程中。人们在热烈谈话时，差不多都会重复做一些小动作以强调他（她）所说的话，大多数人讲到要点时，会不断耸起眉毛，那些习惯性的抱怨者絮絮叨叨时就会这样。

其七是双眉上扬。如果一个人在谈话的过程中将双眉上扬，则表示出一种非常欣赏或极度惊讶的神情。

其八是单眉上扬。一条眉毛上扬，通常表示不理解、有疑问的意思。

其九是眉毛迅速上下活动。这样的动作和闪动的眉毛很类似，一般说明一个人的心情愉快，内心赞同或对你表示亲切。

其十是眉毛倒竖、眉角不拉。如果我们看到了这样的动作，则说明对方处于极端愤怒或异常的气恼中。

其十一是眉毛的完全抬高。这表示出的是一种他（她）“难以置信”的神情。

其十二是眉毛半抬高。表示他（她）“大吃一惊”的神态。

其十三是眉毛正常。这样的情形出现在谈话中通常表现他（她）“不作评论”。

其十四是眉毛半放低。一般这样的动作都用来表示他（她）“大惑不解”。

其十五是眉毛全部降下。表示的是他（她）“怒不可遏”的状态。

其十六是眉头紧锁。表示这个人的内心深处忧虑或犹豫不决的状态。

其十七是眉梢上扬。这表示有喜事降临的意思。

其十八是眉心舒展。表明这个人的心情坦然，处于愉快的状态中。

3 耳朵的心理学秘密

耳朵是用来听声音的，我们可以用双耳来辨别一个人，也需要耳朵来享受这个美好的世界，聆听鸟语，倾听自然，我们坐在音乐厅里，或者是打开音响，都需要借助耳朵的帮助才能让我们享受生活的美妙，人生的美好。

但是你知道吗？耳朵中也藏着很多心理学的秘密！

大耳朵好，还是小耳朵好？

我们拿着镜子，看看自己的耳朵，如果你仔细看，相信会有些发现，原来我们的耳朵和一个婴儿是很相像的。耳朵就像是躺在母亲肚子里的胎儿，头在上面，臀部在下面。可以说，耳朵能看作是一个人胎儿期的缩小版，每个部位都有它独特的意义，对应而且连接着身体的每个不同的部位。上部集中表现的是一个人的智商，而下部则主要体现的是一个人的情商，也就是品性，意志力等等，耳朵的最下方，包括耳垂部位则代表了我们的情感世界。

那么，耳朵大些好还是小些好呢？

有科学家指出，耳朵的大小和一个人的生命力以及他的思想深度有联系；人的创造能力和耳朵的大小也有关联。如果你的耳朵很大，听到这个消息，相信一定很开心了。耳朵大的人，充满了激情，精力旺盛，热爱生活，是比较积极进取的一类人，不过这类人比较容易发怒，也有暴躁的倾向，美国前总统克林顿的耳朵就比较大；耳朵大小适中的人就比较冷静，客观实事求是地面对问题，生活里是个很有条理的人；耳朵比较小的人他们的耐心更好，倾向于喜欢观察思考，对待事情有很明显的利弊衡量，这类人的适应能力非常好。

也有两种耳朵的人。之所以说两种耳朵是因为我们的耳朵是左右对称的，不过经过科学家的研究，我们的耳朵并不是绝对的对称，而是存在着差别的。尽管这种差别只有2～3毫米，但它足以判断其大脑哪个部位最发达。俄罗斯的研究者穆斯塔芬就分析说：那些右耳朵大的人将在精密科学（如数学与物理）方面取得成就，而左耳朵大的人将会在人文科学方面有所作为。

这项研究结论的意义就在于，它可以帮助我们做好自身职业规划或者指导孩子对未来专业的选择。如果一个人的左耳相对发达的话，那么就更适合从事艺术工作，而不应该立志做一名科学家；相反，如果是右耳较发达，那么在科学领域就更容易取得成绩。了解这些不管是对自己，还是对自己孩子将来的职业走向，都是有指导意义的。

另外，如果一个人的两个耳朵明显不同，还说明这个人可能是思想比较矛盾的，有这样那样的想法，通常表现出矛盾的人格，因为他受到两种不同方向的影响。不过一个人的基本性格是有一个定性的，两个耳朵不同不会对这个基本的性格产生过多的影响，而是加深了个人的内心矛盾、情感的变化等。

情话说给左耳听

相信很多人都看过2014年苏有朋导演的青春人气偶像电影《左耳》，影片中帅气的男主角张漾耍了小心思，故意在女主角李珥失聪的左耳边告白，说出“我爱你”。然而，神奇的是，李珥竟然听到了。甚至，“甜言蜜语说给左耳听”，也成为了电影《左耳》的宣传标语。

其实，这不仅仅是一句流行语，它确实是有科学依据的。因为从生物生理学上来说，人的左脑半球支配右半身的神经和器官，是语言中枢，主要负责语言、分析、逻辑、代数的思考、认识和行为；而右脑半球支配左半身的神经和器官，是没有语言中枢的“哑脑”，但具有接受音乐的中枢，负责可视、几何、绘画等形象思维。简单来说，左脑偏逻辑，右脑偏直觉。而甜言蜜语恰恰属于右脑支配的范畴，所以对着左边的耳朵说情话，自然就更容易产生作用了。

事实也确实如此。例如美国萨姆休斯敦州立大学就曾做过一项研究，他们邀请了100位男性和女性接受测试。实验中，志愿者按要求佩戴好耳机。通过耳机，他们的左耳和右耳分别听到多组不同词语。每组词语包括一个情感类词语和一个中性词，两个词的音节长度相同，均被以不带任何感情色彩的语调在左右耳同步读出，且哪个词出现在左耳、哪个词出现在右耳都是随机的。

听完词语后，他们按照要求写下自己之前听到的词语。测试结果显示，受访者从左耳听到的情感类词语，比如爱、接吻、热情等，可分辨及记得的超过70%。但当他们以右耳聆听同样的词语时，却只能记得58%的内容。这篇发表在美国《荷尔蒙与行为》杂志上的研究证明了，对着爱人的左耳甜言蜜语更能俘获其芳心。

当然，右耳也有右耳的优势。在德国《自然科学》杂志网络版上，曾发表过一项研究，意大利基耶蒂大学的心理学家卢卡·托马西、达尼埃莱·马尔佐利及其同事针对人在社会活动中如何倾听、如何反应进行了一系列试验，结果显示，人类大脑对双耳听到的声音处理方式不同，右耳接收到的信息被优先处理，接收到的命令更易获得执行，这就是“右耳优势”。如此说来，要想对方能听取你的要求，就对着他的右耳说吧。

抓耳朵，不仅仅是痒痒惹的祸

耳朵痒了，我们会抓一抓，挠一挠。但有时候，我们抓挠耳朵却并不是因为痒。还可能是因为：

内心焦虑

因为从心理学的角度来说，人在内心焦虑的时候会有一些坐立不安的动作，这些动作可能是不停地挠头，也可能是不停地抓挠耳朵。

例如，查尔斯王子在步入宾客满堂的房间，或者经过熙攘的人群时，常常做出抓挠耳朵和摩擦鼻子的手势。这些动作显示出他内心紧张不安的情绪。然而我们从未看到查尔斯王子在相对安全私密的车内做出这些手势。

意见不同

交谈中，如果你发现，当你详细地介绍自己的观点之后，对方没有说什么，只是很冷静地看着你，然后下意识地用手指摩擦了一下耳廓后面。那么，你就应该要给对方发言的机会了，否则你们的聊天很快就会终止。

因为从心理学上来说，摩擦耳廓背后，往往表示不同意他人的观点。这时候，他的大脑中一般都是在构思如何反驳你。那么，接下来他的话不是转移话题，就是直接提出反对你的意见。如果你再继续向对方介绍自己的观点，其结果往往是让对方产生厌恶，或者是干脆一走了之。

很不耐烦

在现实生活中，我们经常会看到小孩为了逃避父母的责骂而用两只手堵住自己的耳朵，这样的动作很明显，就是不想听父母骂自己的声音。而抓挠耳朵的手势则是这一肢体语言的成人版本。包括摩擦耳廓背后，把指尖伸进耳道里面掏耳朵，拉扯耳垂，把整个耳廓折向前方盖住耳洞，等等，都是人们觉得自己听得够多了或想要开口说话时，会做出的动作。

尤其是当你正在滔滔不绝地说着，而对方却开始用手指挖耳朵，这样的动作更是表示了对方内心对你的不屑，或者是对你所说的话的不屑。如果碰到这样的情况，你就要转移话题或者是让对方发言，因为即使你继续说下去也没有效果，因为对方的心思根本就不在你身上。

说了谎话

美国著名心理学家保罗·艾克曼认为，人在说话时挠耳朵的动作，还在很大程度上代表了谎言。

这源于他的一次精神病学家演讲。当时，有人提出一个疑问：如果一位曾经企图自杀的精神病患者告诉你我已经好多了，这个周末在外面过，你该怎么办？很显然，从病理上来说，患者的病症不可能这么快就好，但是患者总是信誓旦旦地说："我说的都是真的。"他们看上去很诚实，没有一点撒谎的味道。面对这样的情况，应该怎样判断他们是不是在说谎？这个问题艾克曼当场没有给出答案，而是在回到自己的住所之后对此进行了研究。

他录制了自己与一家精神病医院的患者交流的视频，开始的时候并没有观察出有人说谎，但是之后，一位患者告诉他，自己说谎了。于是，艾克曼开始仔细观看与这位患者交谈的视频，并放慢视频的播放速度，一遍又一遍地看着。后来，他突然发现有一瞬间，患者的手突然挠了一下自己的耳朵，而他在挠耳朵时所说的话正是那句谎话。后来，经过无数经验总结也证明了他的这一观点。

4 鼻子，会凸显你企图掩饰的情感

高高凸出脸面的鼻子，很能显示出个人的魅力，同时它也会“凸显”出某些我们正在想方设法掩饰的情感。

身体语言学家就曾指出，虽然说我们的鼻子表情非常少，鼻子的动作常常被忽略，但实际上，鼻子对人们内心的感受十分敏感。事实上，这也可以从医学的角度来解释，因为鼻子是呼吸的通道之一，人的情绪稳定与否，都会引起呼吸的变化，呼吸的变化又会影响到鼻子的外形和色泽。

鼻孔扩大

一般而言，人的鼻子胀大是表现愤怒或者恐惧。因为当人处在兴奋或紧张的状态中时，生理上就会发生变化，呼吸和心脏跳动会加快，所以会产生鼻孔扩大的现象。

也就是说，在谈话的过程中，当你发现对方的鼻子稍微胀大时，多半表示他有一种得意或不满情绪，也可能正在压制某种情感。至于究竟是由于春风得意而意气昂扬，还是由于抑制不满及愤怒的情绪所致，就需要从你和他在谈话中的其他反应来判断了。

鼻孔朝天

我不说大概很多人也知道它的含义，很多时候这就是傲慢的代名词。因为我们都知道，“傲慢的”表情往往是以某些人有仰头习惯为基础的。在许多文学作品中，我们也常见到这样的描写：“他鼻孔朝天，一副自高自大的神态”，“他仰起鼻子露出轻视的表情”。

想象一下这样一种表情：那些鼻孔朝天、神气活现而又不直接正视别人的人，他们不想和你交往，且希望占你的上风。这样一种姿势表示出一种傲慢的态度，希望看你的头顶而不是与你的目光接触。所以，你得小心提防有这样一种行为表示的人。

皱起鼻子

“皱起鼻子”，这种动作最初是针对某种味道和气味而来的，人们用皱起的鼻子表示对味道的反感和厌恶。如果再加上一副严肃的面容的话，往往表示出一种厌恶和轻蔑的态度。例如，当一位男士在吸烟的时候，旁边可能有女士皱起鼻子，用不满的眼神看着他。此外，经过衍变，当人们看到一个穿着邋遢或者品性不佳以及相貌丑陋的人时，也会用皱着鼻子来表示对对方的不满和不屑。如果你看到某些人的鼻子两边有明显皱痕的特征，很可能在一定程度上反映了他们日常中不满情绪多一些。

鼻头冒汗

有的人天生容易鼻头冒汗，吃顿饭也会汗津津的一片。但是如果对方没有这种毛病，却鼻头冒出汗珠（排除温度影响），应该说是对方心理焦躁或紧张的表现。如果对方是你的重要交易对手，那么他必然是急于达成协议，心里盘算无论如何一定要完成这个交易，因为他唯恐交易失败自已便会失去很多机会，或招致极大的不利，所以心情焦急紧张，而陷入一种自缚的状态。因为紧张，鼻头才有发汗的现象。

当然，紧张过度时并非仅有鼻头会冒汗，有时腋下等处也会有冒汗的现象。如果在交往中，你们之间不存在利害关系，而对方出现这种状态，表明他可能心有愧意，受良心谴责，或是为隐瞒秘密而紧张。

鼻子泛白

一般情况下，鼻子的颜色并不经常发生变化，但是如果整个鼻子泛白，就显示对方情绪消极，畏缩不前。如果是交易的对手或者是无利害关系的对方，表明他此刻多半正在踌躇、犹豫。例如，交易时不知是否应该提出条件，或为提出借款而犹豫不决。另外，这类情况也会出现在向女子提出爱情告白却惨遭拒绝的男子身上。当人的自尊心受损、心中困惑、有罪恶感、尴尬不安时，也会使鼻子泛白。

鼻子也许并不是特别可靠的人格的“指南针”，但它的确能提供一定的性格及情绪线索——尤其是有些人想方设法掩饰的那些特质。我们可以通过任何微小的变化解读到更多的面部表情，从而使我们进一步掌握更多人们不知道的微表情语言信息。

5 不用语言，嘴巴也能道出真相

我们都知道，嘴，是人宣泄内心情感的重要通道。但你知道吗？有时候，即使不用听对方说什么，我们也能知道对方的个性及此刻的心情。而这，就要靠嘴巴的微表情来帮忙了。

嘴型透露出一个人的性格底色

既然讲到了嘴，那就不能不说说嘴唇。我们看到一个人嘴的时候，最先看见的就是嘴唇。嘴唇和嘴是分不开的，嘴唇的薄厚、颜色、形状都是我们需要观察的焦点。

我们在健康的时候，嘴唇是红润的，而且富有光泽。这个光泽如果你平时不是很能注意到，那么当你去看一个病人的时候，再注意观察一下他的嘴唇，这个时候你就会发现，健康人和病人的嘴唇是不一样的。一般病人的嘴唇都是黯淡无光的，而且呈现灰色，这个特点在电视电影中也经常会被用到。

如果某个人被重伤或者是重病在身，那么嘴唇就会被涂上白色，或者是灰白色，用来增加这个伤或者是病的效果，而且看上去的效果的确很逼真。正常情况下，一个人的嘴唇应该是红润的，而且左右对称，如果不是这样，有异常情况可能就会有问题了。比如说嘴唇比较小，而且还有收缩的情况出现，并伴随着一些其他的问题，比如说颜色不是很好，嘴唇的颜色应该是红色，白色、灰白、青色都不好。如果出现类似的问题，可能是这个人的健康出了问题，要么就是经常性的饮食不规律，作息也不规律。

嘴唇有厚薄之分。这一点在日常生活中可以经常见到。嘴唇厚的人一般比较富贵，而且长寿，身体好，比较强壮，一般他们会有某个方面的艺术天赋，这些都是厚嘴唇的优点。但是过厚也不是好事，太厚可能会比较贫穷，也表示这个人的个人欲望过于强烈，有顽固的倾向。嘴唇薄的人比较机警，善辩，也很喜欢和别人辩论，人比较聪明，但不是那种富有智慧的人，外表看起来可能很刚强、猛烈，但其实内心深处是比较害怕、胆怯，遇事比较冷静，多数薄情寡义。

嘴唇长的人一般个人能力也是比较强的，这类人很现实，但不是没有理由的那种现实，好胜心很强烈。嘴唇短小的人一般是理想主义者。他们有很好的理想，但很难将这些人生力量付诸实践，意志不坚定，经常动摇，缺乏果断精神，遇事优柔寡断，犹豫不决。有的人嘴唇两端下垂比较明显，这种人一般负面性格较多。比如说对待生活很悲观、消极，即便是自己的生活不是那么糟糕，也很难听得到他的积极言论，他们的脾气很古怪，很容易动怒，有时候可能都不知道具体的原因，就连他自己都不是很清楚，很固执，所以这些性格在一个人身上体现出来的结果就是很难和别人相处，所以人缘就不是很好，因为很少有人能受得了这样的一个人。

从嘴唇上可以将一个人的口型分为不同的类型。我国古代对女性有樱桃小口的说法，这仅仅是指代女性的。这种人一般很爱美，也很温柔，有多愁善感的倾向，多情，对什么都很容易就能产生感情；其次是方型口，这种口型是专门说男性的，他们的口型呈四方型，嘴角两齐，性格里有贪图享受的一面，同时这类人比较注重实际，不喜欢理论，能力很强；嘴唇两端低垂，就像是覆船一样这样的口型就称之为覆船口。这种口型的人比较心狠，很贪婪，狡猾，是那种典型的奸诈之徒；与覆船口相对应的是仰月口。这种口型的特征是嘴角两端上扬，这类人比较少见，一般不会是池中之物，经常有一鸣惊人之举，为人比较乐观，不会甘于平凡。

看一个人的嘴型也好，嘴唇也罢，有一个地方都是一定要看的，就是从鼻子往下到上嘴唇有一道沟，一般都是笔直的一道。直沟有长有短。很短的人代表他们喜欢被人夸，而且性格嫉妒敏感，他们对夸奖有莫名的喜爱，虽然一般人也会喜欢别人的赞美，但是没有这类人那么狂热。应付这类人的方式就是夸赞他们，不要有任何的责备话语，因为他们对责备的内容同样很敏感，别人能接受的一些正常的责备内容他们可能就接受不了。当面对责备的时候，他们会觉得很难堪，抬不起头，所以不管是谁责备了他们，都会被记在心里，也有可能当场就爆发了，后果很严重。

直沟比较长的人就相反。当然并不是说这类人不喜欢别人的夸奖，人都喜欢别人对自己的赞美，但是他们在面对夸奖的时候会想很多，比如别人为什么会这么夸自己，是不是有什么目的，如果有，是什么呢？所以他们就总是觉得别人对自己的夸奖不大可能是无缘无故的，一定是有所求。这种人有一个比较明显的优点，那就是他们不会将自己的问题归结到别人的身上。

所以在多数情况下，没有必要对这类人进行一些不必要的多余的奉承，相反，一些客观公正的批评是他们能接受的，只要这种批评本身不是吹毛求疵或怀有某种目的。但这种人也有一个比较明显的特征，可能并不完全是缺点，那就是多疑，对什么问题都要表示自己的疑虑。这个疑虑源自性格本身，而不单单是来自于对事情本身的判断。

嘴唇动作反应一个人当下的心情

嘴唇特征说明的是一个人的性格特征，嘴唇的动作说明的则是一个人此时此刻的心理反应。一个是先天固定的模型，一个是后天环境的影响，两者结合，就不难读懂一个人了。

如果你发现和你交流的人，经常舔嘴唇，这往往是他正在压抑着兴奋或紧张所造成的内心波动。当然，在空气干燥的冬季，却要因时而异，不能一概而论。

如果在交流的过程中，对方用上牙齿咬住下嘴唇，或是用下牙齿咬住上嘴唇，或是双唇紧闭，表明他正用心地听另外一个人的讲话，他可能在心里仔细地分析对方所说的话，也可能是他正在自我谴责，自我解嘲，甚至自我反省。当然，要想下准确判断，还需要参考你们正在谈论的话题及语境。

如果在关键时刻，有的人将嘴抿成“一”字形，这时候他的心理活动往往是这样的：他已经下定了某个决心。这种人一般比较坚强，有股不达目的誓不罢休的毅力。这样的人对某一件事情，一旦决定了要做，不管其间要付出多少艰辛，都会非常出色和圆满地完成。

另外，在与人交谈中，如果其中有人嘴唇的两端稍稍有些向后，表明对方正在注意听你说话，对你的言谈极有兴趣；如果整个嘴唇往前撅，则可能是一种防卫心理的表示，或者是撒娇的表现。人的下嘴唇往前撅的时候，表明他对接收到的外界信息，持有怀疑态度，并且希望能够得到肯定的回答。

如果有人喜欢在说话时用手掩口，说明他对你存有戒心。因为这类人的性格比较内向和保守，具有害羞的情绪，不会将自己轻易地或过多地呈现在他人面前。此外，用手掩嘴这个动作还有另外一个意思，即做错了某一件事情，而进行自我掩饰。张嘴伸舌头也有这方面的意思，也表示后悔。

6 笑容背后是“刀”还是“蜜”？

笑，可以说是人类最常见的表情，但同时，它也是含义最复杂的身体语言。友好、愉悦、欢迎、甜美、满意、赞赏、请求、领会、乐意、同情、谢意、致歉、拒绝、否定、阴险等等都可以用笑容来诠释。因此，捕捉、过滤和分析笑容，也是微表情辨析中难度最大的一项。

每一张笑脸都是由性格支撑的

身体语言专家佩塔·赫斯克尔说：“微笑不仅仅是外在的姿态，微笑的背后还包含许多其他方面的东西。”比如，我们完全可以通过一个人笑的方式，了解他的个性。

根据美国心理学家伊莲·卡恩博士对笑的研究成果，大致分为：

哈哈笑

一般人很难发出这样的笑声。因为这是身体状况极佳时才有的笑声，它需要从腹腔发声。如果一个人在平常可以这样发笑，他一定是一个体力充沛者，且并不自卑保守，性格开放，愿意冒险，能抓紧机会。如果是女性的话，一般属于领导型人。正如卡恩博士所说：“人们喜欢你，因你可以令人开心，而你亦喜欢与人相处。”

吃吃笑

经常发出吃吃笑声的人，往往是一个乐天派的人。他们对生命的展望充满活力，严以律已，富有创造性，想象力丰富，而且具有高度的幽默感。卡恩博士形容这种人为：“一个爱好欢乐的人，喜欢看到好笑的事被夸张。”

咯咯笑

这是一种高声的笑，往往在嘈杂的环境之中也能听到。卡恩博士说：“你这笑声显示你不禁制自己，你是那种天生就是聚会的灵魂的人，你喜欢讲笑话，当你面临一个问题时，你勇敢也很有办法。”

呵呵笑

自觉没有信心或强制压抑不快的情绪时，没有理由发笑的笑声。有时可能以这种笑声掩饰内心的牢骚，心浮气躁或身体疲倦时也会有这样的发笑法。

在互联网迅速发展，特别是聊天工具普及发展的情况下，“呵呵”这个词也被越来越多地用在手机、电脑屏幕上，用来反映自己的表情。

嘻嘻笑

少女般的笑声，显示你是好奇心强凡事都想一试的性格，非常渴望博得周围异性的好感，而这种心态随时表现在脸上；情绪有高有低，愉快与郁闷时的落差极大。

嘿嘿笑

对他人嘿嘿笑时，这个人往往带有批评或轻蔑的心态。当然，这种笑声已成习惯者另当别论，但一般人发出这种笑声即可断定商谈无法成功。而当事者通常内心有不安和烦恼，带有攻击性希望借此压抑对方以获得快感。

偷偷笑

这是很低的笑声，也不长，有时别人未必听得到。卡恩博士说："这显示你常常看到一件事情的有趣一面，而别人未必看得到。别人喜欢你，因为你容易相处，甚少发脾气。"

鼻子笑

这是从鼻子里哼出来的，因为你要忍住笑，便忍进了鼻子。卡恩博士说："你倾向忍笑显示你为人怕羞，不想让他人注意，你同时也是谦虚体贴的，喜欢按本本办事，你很重视他人的感觉，而他人也会喜欢你的细心。"

普通笑

这一类笑，平常，不特别，不会太大声，显示这个人喜欢群众。卡恩博士说："你很努力但不争功。你很有耐性，心地好而可靠，是一位非常好的朋友。"

轻蔑笑

笑时鼻子向天，神情轻蔑，往往是人人在笑他也不笑，或只略笑几声。卡恩博士说：“你看不起每一个人，这其实是自卑感作怪，要把他人压低而抬高自己，你不会有很多朋友。”

紧张笑

笑时慌张，忽然停止，看看别人继续笑便也笑。卡恩博士说：“这也是自卑感的表现，缺乏自信心，笑也怕笑得不对，怕人笑你笑。你应改变一下自己，用不着太担心别人对你的看法，人是有权笑的，即使别人不觉得好笑，你也有权觉得好笑！”

掩口笑

卡恩博士认为，有一种人一笑就掩口，这也是因自卑感，不过有不同情况，可能只是因自己的牙齿不好看或自知口臭。但如没有这两种毛病，就是发自内心的自卑，与紧张的笑相同。

笑，没有看起来那么简单

正常状态下的笑容，的确是心情愉快的表露。但很多时候，它没有我们看起来那么简单，也就是说，很多时候我们所看到的笑容并不都是真实的。它可以传递出诸多的情感：微笑、苦笑、冷笑、开心地笑，痛苦地笑，等等，不同的笑代表着不同的含义。

因此，在与他人的交往中，我们一定要善于观察和分析，才能够发现各种笑声背后隐藏的真正含义，从中解读出他人的内心，把握住他们传递出来的信息。

含笑

含笑是一种程度最浅的笑，具体表现是：不出声，不露齿，仅是面含笑意。含笑透漏出的意思是表示愿意接受对方，待人友善。

微笑

微笑是一种比含笑的程度稍微深一些的笑。它的特点是面部已有明显变化：唇部向上移动，略呈弧形，但牙齿不会外露。微笑属于一种典型的自得其乐、充实满足、知心会意、表示友好的笑。在人际交往中，其使用范围最广。

轻笑

轻笑比微笑的程度更深。特征是面容进一步发生变化：嘴巴微微张开一些，上齿显露在外，不过仍然不发出声响。它表示出内心的欣喜、愉快，多用于会见亲友、向熟人打招呼，或是遇上喜庆之事的时候。

浅笑

浅笑俗称抿嘴而笑，表现为笑时抿嘴，下唇大多被含于牙齿之中，多见于年轻女性表示害羞之时。

大笑

大笑是程度很深的一种笑，特征是面容变化十分明显：嘴巴大张，呈现为弧形；上齿和下齿都露在外，并且张开；口中发出“哈哈哈”的笑声，但肢体动作不多，多见于欣逢开心时刻，心情欢快，或是高兴万分。

苦笑

苦笑一般出现在遇到比较为难又无法解决的时候，表现了人内心的一种无奈和痛苦。这种笑只是一种有感而发的表情，或许是为了掩饰内心的失望感，再或者是为了表示自己并不介意所陷入的不利状况，多以此种微笑表达。而且这种笑往往表现得都很短，难以在脸上停留较久。

皮笑肉不笑

这种笑是一种很轻蔑的笑，表示对他人不屑一顾，或者对他人的观点不认同，多出现在比较严肃的人身上。

歪头笑

歪着头笑，会给对方的心中留下可爱的感觉，而且，人在歪头时自然会降低自己的身高，还会影响对方的潜意识，告诉他“我对你没有威胁”。所以，歪头笑或是低头笑都很容易引起对方的保护欲，同时也在向对方表示自己愿意受到对方的保护、对对方有强烈的好感等信息。

如何区别真笑还是假笑？

人与人交往贵在一个“真”字，只有真诚的笑才能换来真诚的朋友。但是，对方是真笑还是假笑，你分得出来吗？

其实，真笑和假笑是很容易区分出来的。美国加州大学心理学家保罗·埃克曼教授和肯塔基州大学的华莱士·V·法尔森教授经过多年研究，设计出一套识别面部表情的编码系统，能够成功破解人们的真实表情，包括真笑和假笑。

研究表明，真笑时嘴角上翘、眼睛眯起；而假笑时只有嘴角上提。这是因为真心流露的笑容是自发产生的，不受意识支配，因此，除了反射性地翘起嘴角之外，大脑负责处理情感的中枢还会自动指挥环绕眼睛的眼轮匝肌缩紧，使得眼睛变小，眼角产生皱纹，眉毛微微倾斜；而伪装的笑容是通过有意识地收缩脸部肌肉、咧开嘴、抬高嘴角产生。与真笑不同，此时眼轮匝肌不会收缩，因为眼部肌肉不受人的意识支配，只有真的有感而发时才会发生变化。

有些人也许会故意将假笑时的动作做得很夸张——面部肌肉强烈收缩，整个脸挤成一团，给人造成眼睛眯起来的假象。但注意，此时，眼角的皱纹和倾斜的眉毛是没有办法伪装的。换句话说，遮住一个人面部的其他部位，只露出眉毛和眼睛，若是真笑，依然能看出来他在微笑；若是假笑，就只能看到一双无神的眼睛了。也就是说，要想知道别人是真心地笑还是虚伪地笑，眼睛和眉毛是最重要的线索。

若你还是觉得很难区分，这里还有一个更简单的方法。那就是看眼睛和嘴巴动作的时间差。因为根据研究表明，真正的笑容会从嘴巴开始，然后再带动眼睛，它们前后会有一个时间差。而虚假的笑容，嘴巴和眼睛同时笑开，没有时间差。而且，发自内心的笑，注意力会全部集中在嘴上，而无暇顾及眼部的动作。只有嘴在笑，而眼睛没有任何动作的，那一定是虚假的笑容。

7 下巴，可以左右他人对你的印象

下巴的动作虽然极为细腻，不易受人注意，但在潜意识中却能左右他人对你的印象。不信你可以拿一面镜子，将自己的下巴抬高或收起，就会发现它能产生不同的判别印象。

下巴抬高

此人十分骄傲，优越感、自尊心强，望向你时，常带否定性的眼光或敌意。

下巴收起

此人仔细，疑心病很重，容易封闭自己，不易相信他人。

下巴向前撅

生气的人下巴往往会向前撅着，一般表达的是威胁或者敌意。

下巴缩着

如果某人缩着下巴，那么此人表现出的是恐惧的神情。

下巴压得很低

这样的人有着很强的自我意识，一旦他们所说的话或所做的事被别人轻视就会很不开心，甚至气得暴跳如雷，他们会以自己的实际行动和轻视自己的人一决高低。

下巴高抬，不时做出调整

这样的人是属于直爽和坦诚那一类的，把情绪都写在脸上，一般都表现得爱憎分明，对于喜欢的人，可以真诚相待；至于那些不喜欢的人，他们根本不会强颜欢笑。

下巴与头部的动作保持一致

这种人待人很温和，对于喜欢的人很温柔；对于不喜欢的人他们也不会针锋相对，只是会表现得冷淡一些而已。

下巴随着说话者的目光发生转移

这种人爱憎分明、沉稳踏实原则性很强，在待人接物上憨厚、诚恳，不会玩手段，自制力很强，很少发脾气，对任何事情都可以谨慎处之。

将下颚伸向前方

一般而言，不论男女，这一动作均属具有攻击性的行为，突出下颚是一种想要表示“扑向前去狠揍”的意图的动作，经常加以凶恶的眼神。这可以视为想将其愤怒情感扔向对方的一种攻击欲求的表现。

下颚突出不明显的人

一般而言，这样的人欠缺自我主张，所以使下颚更加突出以表现自我主张的象征。

尽力地伸长和抬高自己的下巴

采取这种动作的人，心中自认为高人一等，往往带有藐视之意，认为自己很明显地站在优势地位上，而且很有把握地坚信自己的主张是无人反对的。

总之，下巴的表情当然不如眼睛或嘴丰富，也很难让人觉察，但事实上它的变化的确展现着人们的心理变化，也能提供很多信息。

8 气色，一个人精气神的全面反映

气色是我国中医学的一个名词，讲的是人的身体健康状况反映在脸上，这给人的一种直观感觉，是精神，还是萎靡，通过观察不同的气色，能断定一个人的是健康的，还是身体欠佳。

气色是一个人精气神的全面反映，不是某一个方面能决定得了的，所以也才能从综合的角度来看一个人身体的全面情况。不同的气色就反映了不同的健康状况，同时，气色的区分也是人的区分。不同的人有不同的气色表现。

气和色是两个不同的概念。简单地理解可以将气看作是一个人的精神状态，而色是在一个人的外在面部直觉感官呈现出来的样子，就是人的外表相貌，最重要的就是人的脸部。气我们经常讲到的有肾气，这是一个人气的源泉所在，还有精气、肺气等。不管是气还是色，我们不用从很专业的角度来看待它，毕竟这也不是我们要讲的核心内容。这两者结合在一起，反应在我们面前，就是一个人给你的感觉。是容光泛发，精神抖擞，还是死气沉沉，一脸菜色，这就是我们能看到的，需要把握的方面。

通常来讲，一个人的精气神很好，给人感觉首先就是很精神，无病态，这类人一般红光满面，额头发亮，面带精神，健康，有生机，当然他不一定非常高贵，或者是家境殷实。

一方面这和一个人的个人健康状况有关，同时也和生活境遇有很大关联。有活力的人一般到目前为止，他们的生活比较顺心，很少忧愁，少烦恼。外向还是内向并不一定能分得出来，有人说开朗的人气色一般不错，这个缺乏一定的依据支撑。

相反，如果一个人两目无光，眼神黯淡，一脸焦黄，毫无生气，猛一看见可能会误认为大病初愈，或者是正身染重病。有这种气色的人，一般可能会觉得生活没有太多意义，缺乏动力，看不见希望。

除了健康因素之外，这类人之所以能有这样的气色表现，和他们的生活境况，人生感悟，长久以来的性格形成多有关联。生活不顺是很好的写照，他们一般不会有很大、很空的想法，也没有什么高远的目标，为人比较实际，懂得人情世故，害怕招惹麻烦，凡事能过就过去了，不会很较真。

每个人脸上都会有不同的主色调，尽管我国多数是黄种人，但体现在脸上，“色”还是有分别的。有的人脸色以青为主，这类人生活多惊恐不安，易怒、暴躁是他们最明显的特征。他们很容易发怒，有时候为了一点点小事就能大动肝火，如果是别人可能就一笑了事，但是在他们那里就变了样，不管怎么说，只要惹了自己不开心，先闹一闹再说。事后可能很后悔，但是想改很难，一般他们的身体也不是很好。

黄色调为主，这种黄色不是那种菜色，更不是焦黄的类型，这类人一般生活比较开心，顺心的事情比较多，人也比较开朗，外向，凡事都很看得开；如果脸色有点惨白，不是纯白，这种情况说明生活里烦心的事太多，一直都不顺心，真正开心过日子的时间没有几天，经济也比较拮据；一脸黑色笼罩，这种情况是疾病的先兆，应该去医院看看是不是身体出了什么毛病；红色脸一般说明近来生活顺心的事情很多，很多事情都能如愿以偿，生活得很开心。人的脸色在不同的时间段有不同的表现，并不是一成不变的。

人的气色在不同的年龄段差别很明显。小的时候，十来岁，这个时候一般脸上充满了稚气；到了十四五岁的时候，给人的感觉比较灵动；到了二十岁左右的时候，是最有朝气和活力的阶段，生命的张力在这个时候最为明显，从生理角度讲，这是人的一生中最美好的阶段；到了近三十岁的时候，人就显得成熟，稳重，无论是男性还是女性，都显得很有魅力，精明而富有吸引力；到了更老的阶段，大约到了退休的年龄段，就是暮气沉沉的时候了，生命的活力开始慢慢在脸上褪去，时间的齿轮在脸上留下了无情的烙印，这时的气色不一定很差，但是已经没有了活力，缺失了生命的张力！

9 揭开表情“假面具”中的乾坤

我们都说表情是情绪最好的报幕员，但有时候很多人不愿意将自己的内心活动让别人看出来，这时候，如果单从表面上看，就会让人判断失误。因此，我们必须要在探究表情的基础上突破对方的内在真正情绪。

表情“假面具”一般有两种：

一是没表情

生活中，你是否注意到身边的某些人，不管别人对他说了什么，做了什么，他都是一副毫无表情的面孔。其实我们要知道，没表情不等于没感情，因为内在的感情活动倘若不完全呈现在脸部的肌肉上，也总是显得很不自然，越是没有表情的时候，就越可能是他内心感情极为强烈的时候。例如，有些职员不满上司的言行，但又敢怒不敢言，只好故意装出一副面无表情的样子，显得毫不在乎。而实际上，再怎么压抑，他内心依然强烈不满，如果你这时仔细观察他的面孔，就会发现他的脸色不对劲。内心强烈的不满情绪使得他们瞪大眼睛，皱鼻子，或面部表情不自然。

如果看到对方显露出这些细微变化，则说明对方的深层意识正陷入激烈的情绪冲突中。一个善于探究面部情绪的人，在对待这类职员时，直接指责他或者当场给他难看是最不好的选择，而要这样说："如果你有什么不满，不妨说出来听听！"这样下属的不满情绪才能得到安抚。如果上级能从这种死板的面孔或抽筋的表情中得知下属的情绪，并且开诚布公地与下属交换意见，进行沟通便可以积极改善与下属的不良关系，树立自己的良好形象。

毫无表情还有可以理解的一种情况，就是代表着一种爱意或者好感。尤其是女性，倘若太露骨地表现自己的爱慕或者好感不是很妥帖，所以呈现在外的就是一种毫不在乎的冷漠表情——与真实的心理正好相反。

二是反表情

指的是内在的情绪和外在的表情完全错位的情况，所谓"怒极反笑"即是这个意思。人们之所以要这样做，是觉得如果将自己内心的欲望或想法毫无保留地表现出来，无异于违反社会的规则，甚至会引起众叛亲离，或者成为大众指责的对象，恐怕受到社会的制裁，不得已而为之。例如，一对夫妻，在结婚初期感情非常好，但随着生活的日趋平淡，新婚的新鲜感也冷却了，常常为一些油盐酱醋之类的琐事吵架。

起初，两人一有不满便各不相让，但吵过之后不久就会和好如初。可是，随着吵架次数的日益增加，两人谁也不愿意理睬对方，彼此都非常冷漠。但因为还要面对家人和朋友，也不想让别人看出来，他们逐渐达成了默契，那便是在有外人的时候，彼此照样显得很恩爱，而一旦只有两人独处时，就互不理睬。渐渐地，就算周围没有人，他们也开始说话了，但这并不是尽弃前嫌，只是一些不得不说的话而已。并且，随着彼此之间的不调和发展到极端时，不快乐的表情逐渐消失，脸上也渐渐现出微笑，态度也日趋卑屈而亲切。

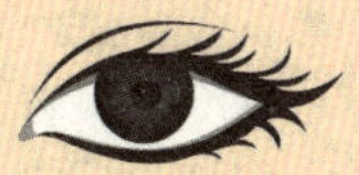

语言会骗人，身体不说谎

1 了解一个人的想法，请从“头”开始

虽然人的情绪和表现都极其复杂，但还是有规律可循的。现实生活中，一些不经意的身体动作能够透露出很多信息，尤其是头部动作的表达更为直接，因为头部动作是人类进化最早的动作，其次才到躯干，最后才是脚。点头、摇头、抬头、歪头、低头等传递着动作实施者其内心的真实情感和态度。

常见的头部动作以及所表达的含义如下：

将头部垂下成低头的姿态，它的基本信息是“我在你面前压低我自己”；

突然把头低下以隐藏脸部，也可用来表示谦卑与害羞；

压低下巴，意味着否定、审慎或者具有攻击性的态度。通常情况下，人们在低着头的时候往往会形成批判性的意见；

抬头，是当人们对谈话内容持中立态度时，往往会做出的动作，也是对方有意投入的行为；

头部高高昂起，同时下巴向外突出，通常显示出强势、无畏或者傲慢的态度；

头部猛然上扬然后恢复，通常的姿态，它表示“我很惊讶会见到你”；

摇头，通常表达的是否定的态度；

晃动头部，常被用来表示惊奇或震惊；

点头，在大多数时候都是用来表示肯定或者赞成的态度。在交谈的时候，通过点头的频率还能够推测出聆听者的耐心程度；

缓慢地点头，表示聆听者对谈话内容很感兴趣；

快速地点头，是在告诉说话人，他已经听得不耐烦了，或者是催促说话人马上结束自己的发言，以便给他一个表达观点的机会；

头部僵直，表示他是如此的有分量且毫不惧怕，或者是心里觉得无聊的表现；

颈部使头部从感兴趣之点往侧面方向移开，是一项保护性的动作；

头部从兴趣之源缩回，是回避的动作；

头部后仰，是势利小人或非常自信之人鼻子朝天的姿态；

头部低垂，表示动作者深觉厌倦；

把头部向一侧倾斜，是一种顺从的表示，这个姿势不仅暴露出人们的喉咙和脖子，还会让人显得更加弱小和缺乏攻击性。

总之，头部姿势既可以反映出一个人内心真正的心理活动，也可以影响别人对其形成的印象和判断。因而，在与他人的交谈中，一方面我们可以透过头部姿势来了解对方的内心世界，另一方面，也要尽量避免被自己的头部动作“出卖”。

2 嘴唇紧闭，指尖“开言”

我们身体的每一处都会泄露心底的秘密，正如弗洛伊德所说：“嘴唇紧闭，指尖却开了言。”

一次握手，一次心灵的交流

握手，是现代社会中人际交往中一种最为普遍的礼节。除了传统的表示友好、亲近外，还表示见面时的寒暄，告辞时的道别，以及对他人的感谢或祝贺、慰问等等。握手不仅是中国人最为常用的一种见面礼和告别礼，而且在涉外交往中也普遍适用。握手的感觉比一般礼节性要求的内容更丰富、细腻，从握手的方式可以看出一个人的个性心理。

握手时的力量大，甚至让对方产生疼痛的感觉，这种人大多是逞强而又自负的。但这种握手的方式在一定程度上又说明了握手者的内心是比较真诚和煽情的，同时，他们的性格也是坦率而又坚强的。

握手时显得不是很积极主动，手臂呈弯曲的状态，并往自身贴近，这种人大多是小心谨慎，封闭、保守的。

握手时仅仅是轻轻地一接触，握得不紧也没有什么力量，这种人大多比较内向，他们时常悲观，情绪低落。

握手时显得有点迟疑，大多是在对方伸出手以后，自己犹豫几秒钟，才慢慢地把手递过去。排除掉一些特殊的情况以外，在握手时有这种表现的人，多内向，并且缺少判断力，做事不够果断。

不把握手当成表示友好的一种方式，而把它看成是例行的公事，这表明此种人做事草率，缺乏足够的诚意，并不值得深交。

一个人握着对方的手，握了老长时间还没有收回，这是一种测验支配力的方法。假如其中一个人先把手抽出、收回，说明他不如另外一个人有耐心。相反，若另外一个人先抽出、收回手，则说明他的耐心不够。总之，谁能坚持到最后，谁的胜算就大一些。

虽然在与人接触的时候，把对方的手握得很紧，但只握一下就马上松开了。这样的人在与人交往中大多是能够很好地处理各种关系，与每个人都好像很友善，可以做到游刃有余。但这可能只是一种外表的假象，其实，在内心里他们是十分多疑的，他们不会轻易地相信任何一个人，即使别人是非常真诚和友好的，他们也会加倍地提防、小心。

握手的时候，显得有点紧张，掌心有些潮湿的人，在外表上看来，他们的表现冷淡、漠然，非常平静，一副泰然自若的样子，但是他们的内心却是非常不平静。只是他们懂得用各种方法，比如说语言、姿势等来掩饰自己内心的不安，避免暴露一些缺点和弱点。他们看起来是一副非常坚强的样子，因此，在他人眼里，他们是强大的人。在危难时，人们可能会把他们当成是救星，但实际上，他们也十分慌乱，甚至比其他人还要严重。

握手的时候，显得没有一点劲，似乎仅是为了应付一件不得不做的事情，而被迫去做的。他们在很多时候并不是很坚强，甚至是非常软弱的，往往他们做事缺乏果断、利落的干劲和魄力，而显得犹豫不决。他们希望自己能够引起他人的注意，可事实上，其他人常常在很短的时间内就会将他们忘掉。

用双手与别人握手的人，大部分是非常热情的，甚至有时热情过了火，让人觉得难以接受。他们大多不习惯于受到某种限制与约束，而喜欢自由自在，按照自身的意愿去生活；他们具有反传统的叛逆性格，不太注重社交、礼仪等各方面的规矩；他们在很多时候是不太拘于小节的，只要能说得过去就可以了。

把别人的手推回去的人，其中，有大部分都有较强的自我防御心理。他们经常感到缺少安全感，因此时刻都在做着准备，在别人还没有出击但有这方面倾向之时，自己先给予有力的回击，占据主动地位。他们不会轻易地让谁真正了解自己，假如是这样，会使他们的不安全感更加强烈。他们之所以这样，在很大程度上是由于自卑心理在作乱，他们不会去接近别人，也不会允许别人轻易接近自己。

习惯像抽水机般握手的人，他们大多有相当充沛的精力，能同时应付几件不同的事情。他们做事十分有魄力，能说到做到，且办事干脆而又利落。此外，这一类型的人为人也比较随和、亲切。

像虎头钳一样紧握着别人手的人，在绝大多数时候都显得非常的冷淡、漠然，有时甚至是残酷的。他们希望自己能够征服他人、领导他人，但他们会巧妙地隐藏自己的这种想法，运用一些策略与技巧，在自然而然中达到自己的目的。从这一方面而言，他们是工于心计的。

把秘密说给那些喜欢双臂抱胸的人

观察一下对方，是习惯将双臂交叉抱于胸前、还是自然地放于两旁呢？自然放于两旁的人，较为友善易于亲近，并且可以很快与你成为好朋友。但是，假如你有不想告诉他人的秘密，又想找人商量的时候，请选择习惯将双臂抱于胸前的人。

因为，从心理学角度来讲，具有这种习惯的人，基本上是属于警戒心强的类型。在自己与他人之间画下一道防线，不习惯对别人敞开心胸，永远和对方保持适当的距离，冷漠地观察别人。

比如，日本的著名演员田村正在电视剧中会经常摆出双臂交叉抱于胸前的姿势，也由此他给观众的感觉，不是亲切坦率的邻家大哥，而是高不可攀的绅士。他不是那种会把感情投入到对方所说的话题中，陪着对方流泪或开怀大笑的类型。他心中好像一直藏有心事，在自己与他人之间筑起一道看不见的墙。这种形象和他习惯将双臂交叉抱于胸前的姿势，似乎十分符合。

一般来说，防卫心强的人，大部分在幼儿时期没有得到父母亲充分的爱，比如：母亲没有亲自喂母乳、总是被寄放在托儿所、缺乏一些温暖的身体接触。在这种环境之下长大的人，很容易表现出此种性情。

单就这一动作而言，将双臂交叉抱于胸前，是一种防御性的姿势，防御来自眼前人的威胁感，保护自己不产生恐惧，这是一种心理上的防卫，也代表对眼前人的排斥。这个动作似乎在传达着“我不赞成你的意见”“嗯，你所说的我完全不明白”“我就是不欣赏你这个人”。当对方将双臂交叉抱于胸前与你谈话时，即使不断点头，其内心其实对你的意见也并不表示赞同。当然，也有一部分人在思考事情的时候，习惯将双臂交叉抱于胸前。

也许，想和这种人成为亲密的朋友，可能要花上一段很长的时间，但作为朋友，他们一定会将你的秘密守口如瓶。

比较而言，太过直率的人守不住秘密。这样的人一般肢体语言也较为自然放得开。当父母对孩子说“到这边儿来”，想给孩子一个拥抱的时候，一定会张开双臂，拥孩子入怀。试试看将双臂交叉抱于胸前对孩子说“到这边儿来”，孩子们绝不会认为你要拥抱他，而是担心自己是否惹你生气了，要准备挨骂了。

手势，不仅仅是语言的点缀

在语言发明之前，人类曾利用身体各个部位进行非语言交流。在有了语言之后，最初的肢体语言，除了手势外，其他的逐渐都废弃不用了。这说明了手势在交流中的巨大作用，它不仅仅是语言的点缀。即使在现代社会，聋哑人还是需要用手势表达自己的思想感情以及与他人进行沟通。

下面是常见的手部特征及动作所透露的人的心理：

拥有修长纤细的手指

有修长纤细手指的人大多是相当敏感的，他们的感情很丰富，但是性格却很脆弱。

具有短且粗的手指

具有短且粗的手指的人多是积极的，肯负责任的。他们的性格比较固执和顽强，多选择一些力量和判断力敏感度很高的职位来做。

喜欢留长指甲

一般来说，喜欢留长指甲的人的占有欲望是很强的，并且随时做好了争取的准备，只要时机一到，就会立即付诸行动。

经常把手指合在一起

经常把手指合在一起的人经常处在一种非常矛盾的状态当中，理智和情感总是在不停地交战。

用手指扭头发

这一肢体语言通常表示这个人很紧张，缺乏必要的安全感。

习惯于用手指挖鼻孔或是掏耳朵

习惯于用手指挖鼻孔或是掏耳朵的人，在思想上还不是特别成熟，有些时候会有些相当幼稚的表现。

喜欢用手对所说的话进行补充、解释和说明

喜欢用手对所说的话进行补充、解释和说明的人，性格中感性成分往往要丰富一些，有一些多愁善感，很能引起其他人的注意。

交谈时喜欢十指交叉

十指交叉是一种典型的本能防御姿态，说明对方可能受过严重的伤害，存在一定的心理阴影。

喜欢用双肘支撑双手交叉

这个行为通常说明对方充满自信，对眼前的形势有十足的把控力。

将十指相对做成尖塔形状

通常可以说明他只是对你所说的话感兴趣，而绝不是对你这个人感兴趣。

不停用手碰鼻尖

这个行为表示对方内心犹豫不决，不能对当前需要做出决断的事情做出明确决断。

交谈中，不停用手搔头

这个行为表示对方已经出现烦躁不安的情绪。

用手在面部摩挲

这个行为表明对方对谈话的内容心不在焉，没有任何兴趣。

扶一下眼镜，抚一下心境

眼镜，早已不是视力不好的象征了，它正逐渐成为一种理所当然的装饰品。对于每一个戴眼镜的人来说，不管是平时工作还是吃饭的时候，都会出现眼镜向下滑落的情况，这时候人们都会用手去扶一下眼镜。而从心理学角度来说，手扶眼镜这种小动作，也可以透露出一个人的心境。

习惯用单手或双手手扶眼镜框调整眼镜位置的人，意味着他们想看到更广阔的范围。这类人通常比较自信，他们对问题的掌握也更全面，善于抓住机会，因此，他们往往是某个领域的行家。如果是偶然做这个动作的人，比如有人会在重大任务即将下达前这么做，表露出他们对工作相当自信；在和别人探讨某个问题时这么做，则可能表现出他认为自己一定能够说服对方。

习惯用中指或食指从鼻梁处向上推眼镜的人，通常性格比较内敛、细腻，跟别人交往时属于“慢热型”。想要跟他们交朋友，你一定要主动，才能让他们敞开心扉。即使他们和要好的朋友在一起时，他们也常常扮演倾听者的角色。在群体中，这类人属于两个极端，要么人缘很好，是朋友的贴心小棉袄，要么由于太内向而不合群。如果是偶尔做这个推镜动作的人，通常表示他们遇到了重大事件，这个动作是为了掩饰他们内心的紧张。

习惯用单手或双手扶眼镜腿往上推的人，大多数特别有想法和自成一套的行动步骤。而且做事前，他们不会马上行动，而是先静观其变，了解事情的来龙去脉，然后再制订详细的行动计划，严格按照计划行事，直到达到目的为止。另外剩下的极少部分人则是缺乏耐心。

习惯用两根手指分别抵住镜片下端推眼镜的人，性格多是比较虚心的，非常喜欢去学习，而且通常不喜欢反驳别人，有着独特可爱的一面。不过，这样的人也很容易被别人的想法牵着走，而难以提出自己的高见。

另外，除了扶眼镜的动作外，有些人喜欢在讲话的时候，将眼镜戴上、摘下，然后再戴上的习惯。有人甚至还有将一只镜腿放在唇边或嘴里的习惯。事实证明，这是一种下意识行为。动物行为学家戴思蒙·莫里斯认为：把东西放在唇边或口中，是想暂时地寻回婴儿时期吮吸母乳时的安全感。因此，把眼镜腿放在唇边或嘴里的人表示缺乏安全感，他是想借此动作拖延讲话时间，消除疑虑，慎重思考。那些不戴眼镜的人还会用钢笔、手指、香烟等类的东西取而代之。

另外，经常把眼镜取下来擦拭，也是一种延迟做决定的动作，多发生于当一个人被迫做出决定时。做出这种动作是为了争取更多的考虑时间，拖延开口时间。但是，如果此人再把眼镜戴上，这表示他想回顾一下事实。如果当事人将眼镜摘下，并且将它放在镜盒内，然后用手将镜盒推到一边的话，这就暗示了他的另一种意见——将停止发言。

其实从心理学来说，摘、戴眼镜的动作有时还会产生特殊的效果。讲话时将眼镜摘下，听讲话时再戴上，不仅能给对话者一种平易近人的感觉，而且也能使你自己把握住谈话的控制权。因为，当你摘下眼镜时，别人一般不会抢你的话头，当你将眼镜戴上的时候，别人可以无顾忌地开口说话。

此外，戴眼镜的人还有一种行为，就是“镜口窥人”。这也是许多老年戴眼镜者的一种习惯性动作。这种动作的目的虽然是为了避免将眼镜戴上摘下的麻烦，但是，对于被窥者来说，常会产生一种被打量、被评价的感觉，一种不平等的感觉，其效果犹如门缝看人，不利于和睦关系的建立。

3 有时恰恰是腿脚让我们露出马脚

大部分人知道自己的面部表情是什么，可以戴上微笑面具，可以掩饰眼神；有人注意到自己的手正在做什么；但除非我们刻意去想，否则完全不知道自己的腿脚在干什么。但也恰恰是因为这一点，腿脚的动作成为泄露心事的可靠迹象。

多“情”多“义”的腿

腿处于人身体的下部，也称为下肢，因为它处于下部，人们投射的视线是有限的，这就大大限制了它的行为，但因为它占了身体近一半的面积，所以它的存在又是无可替代的。

抚摸腿

一只手心不在焉地抚摸腿。这一动作的含义是：我认为你很有魅力。其实，当人们发现对方吸引自己时，往往就会下意识地做出希望对方做出的动作。比如，在流行音乐会中，年轻姑娘们常会抱紧自己如同希望被她们的偶像紧拥那样。在通常的社交会面中，这种极端的反应并不多见，但其暗示的意味依然存在。当听对方讲话时，偶然的抚摸身体的动作，暗示被抚摸的欲望，而不论彼此正在谈些什么。“抚摸腿”就是这一反应的最常见形式。

双腿交叉

如果是踝对踝双腿交叉（坐在椅子上，双腿在脚踝处交叉），其含义是礼貌地放松。因为此时很难突然站起来去做什么事。这一动作是双腿交叉中最温和的姿势，因此它是礼貌庄重的，是常出现在正式集体照中的坐姿。比如，对女王而言，在公共场合绝不可能见到她除此之外的双腿交叉的姿势。

如果是膝对膝双腿交叉（坐在椅子上，双腿在膝盖处交叉），它传递出的也是“我很放松”的信号。这其实是一种典型的社交动作，在欧洲，男性与女性都可以使用，而在美洲使用者则多局限于女性。因此，一些上了年纪的美洲男子发现欧洲男子也这样坐着时，非常不安，对他们来说，这个姿势非常的女性化。

如果是踝对膝双腿交叉（坐在椅子上，一只脚的踝关节置于另一条腿的膝盖上），这是男性双腿交叉的主流姿势，颇具进攻性

与男子气概，为希望强调其性别的年轻男士所偏爱。在美国尤为常见，特别是中西部地区。但在远东，这一动作则会招惹麻烦，因为在这一地区，露出鞋底被认为是一种严重的侮辱。在东方国家，如泰国和日本，也认为这一动作十分粗鲁，在这些地区这种双腿交叉的动作非常少见。

如果是双腿缠绕（坐在椅子上，一条腿置于另一条腿上，并紧紧相贴），则表示：我偷偷休息一下。这往往是女性特有的姿势，大多数男性认为这一动作不舒服或者不太可能做到，因此在下意识的情况下做此动作往往是一个强烈的性别信号，双腿紧紧相贴给人以自爱的印象，并使这一姿势增添几分性感。

双足的丰富心理信息

足部是指膝盖以下的部位，包括“胫”与“足”。它可以表现欲求、个性和人际关系。足部虽处于身体的最下端，但是在我国和西方的日常生活中，无论是坐着还是站着，足部都是容易看见的。所以足部动作所传达的信息也容易被对方看到。

足部动作

摇动足部，或用脚尖拍打地板，都表示焦躁、不安、不耐烦，或为了摆脱紧张感。而人们之所以用足部来表达焦躁不安，原因首先是，在公开的场合或容易受人注目的场所，如果一个人不愿意把内心的焦躁不安明显地表现在脸上，或者不愿意用手或身躯做出大幅度的动作，那就只有用离开他人眼睛最远的、最不显眼的部位——足部来表达。人在预感到要遭遇他人侵犯或他人要进入自己的势力圈时，如果要对此表示拒绝或不耐烦，往往用足尖拍打地板的动作来预告自己的心情或意向，这时，向这样的人询问或谈问题往往得到不愉快的结果。

另外，足部动作同腿部一样，也能传达性的含义。无论男女，摇晃架在另一条腿上的足部是心情轻松的表示。如果进一步用脚尖挑着拖鞋或鞋跟摇晃，这就有了较强的放纵的含义，如挑逗、诱惑等。

另外，男性足踝交叉的坐姿，往往表示在心理上压制自己的情绪，如对某人某事采取保留态度，表示警惕、防范，或表示尽量压制自己的紧张或恐惧。从事公共关系工作的人总是要设法解开这种姿势，以造成开放而亲近的气氛。

鞋子信息

足部的附属物——鞋子，起着延伸足部语言的作用。

鞋尖的指向可表现人际关系的亲密程度。譬如说，有A、B二人站着谈话，他们的鞋尖相对，距离不远，而且基本上在一条直线上，我们就可以从二人脚尖的指向判断出二人关系的亲密程度。如果二人的鞋尖构成一个封闭的共有势力范围，不容他人介入，你最好不要走过去打扰他们二人的谈话。

如果A、B二人鞋尖的位置呈直角或60度左右的角度，那么这二人的关系不会是很深厚的，因为从A的位置只能看到B的侧脸。

鞋底的磨损程度与一个人的性格有关。性格外向、生活态度积极的人，其鞋尖外侧较易磨损。反之，鞋尖内侧磨损较多者，属内向性格。两侧都有磨损者，属温和型或平衡型。

脚尖朝里，有刹车作用。谁要是走路呈内“八”字形，上身就可能完全是打开的，但是在迈出了第一步以后，他（她）就把自己封闭起来了。我们在这里看到的是一个犹豫不决的人，他（她）处于意愿和前进的冲突之间。如果这个人的胸脯也是缩进的，那么就可以断定，这是一个内向的、拘谨的或者是自暴自弃的人，因为他（她）眼下还缺乏向前迈进的意志。

4 站立行走中的人生百态

人类的沟通有90%都是非语言的，只有10%是语言上的信息传达。你的身体姿态已泄露了你对对方的潜在态度。因为，人的身体以何种方式呈现，这是心理状态的直接反应。

解读站姿，对性格做深度剖析

仔细观察周围的人，你会发现每个人的站立姿态都有他们自己的特点。除了男女之间的区别之外，每一个人都有自己的鲜明特征。这个特点就像是一个人的外号一样，虽然这个外号不是他本来的名字，但已经和这个人有了深度关联，成为代表他的另外一个符号。

这种比较特殊的站姿不是个人故意做出来的，而是经过长久的习惯养成的一种连自己都不知道的行为方式。美国夏威夷大学的心理学教授说，这些站姿和这个人的性格有一些非常紧密的联系。通过解读这些站姿，就能对性格做深度的剖析和挖掘。

第一，习惯性将两只手放到口袋里。他们属于内向型性格的人，很保守，你很少能听见他吐露自己的心声，哪怕是最要好的朋友也不例外。不过这类人一般城府很深，别人很难猜得到他们到底在想什么。多疑是这类人比较好人的一张名片，就像是《三国演义》里的司马懿一样。他们做事讲究的是步步为营，稳扎稳打，而不是冒险求胜。他们的警觉性高于普通人很多，所以，如果你想骗这类人，还是小心点为好，说不定他早已经将你的心计看得一清二楚了。

第二，两手叉腰。这是很典型的一种站立姿势，这类人总是能给我们留下深刻的印象，他们开放，外向，自信，对自己有非常高的评价。这是一个开放型的姿势，说明他们在精神上有一定的优越感。同时这个姿势也表明，他对自己目前所处的环境感到很安全，舒适，或者说他对面临的问题有绝对的信心，不然是不会出现这个姿势的。

第三，气宇轩昂型。看上去就很有气势，有点古代将军出征的感觉，双目平视远方，脊背挺得直直的。这种站立姿势的人很开朗，外向型性格，也是非常有自信的一类人。看上去似乎这个人永远都那么开心，快乐。

第四，佝偻身体，腰弯下来。这种姿势多见于上了一定年纪的人，一般30岁以前的人很少有这种站立姿势。这是一种防卫性很强的姿势，说明此时他缺乏安全感，没有信心，很封闭，此时的生活态度也比较消极，似乎惶惶不可终日，可能是生活的压力太大，也可能是面临着重大的精神压力。

第五，两条腿交叉站立。这是一种轻微拒绝对方的表现。出现这种站姿说明对方这个时候对你的态度是有所保留的，并没有完全对你放开，所以此时如果想得到对方的认可或者是想做更进一步的交流，那么就要想办法先让对方认可你，接受你。不过这种姿势也说明此时他缺乏自信，也可能是很拘束，对自己所处的环境并不是很习惯。

第六，背着手。这种站姿是一种典型的“领导者”心态。他很想作为一个领导人的姿态出现在众人的面前，很有自信心，对自己的成就（不一定是功成名就，一些小的成就也算）感到很满意。如果某人在一定的场合中背着手站着，就说明这时，他的居高临下的心态很严重，也可能他就是这个场合的主角。

第七，靠着墙站。有这种习惯的人并不是很常见，如果见到一个人很习惯这样站着，那么他很可能是生活非常不得意的一个人。要么是到处碰壁，要么是自己的目标很少有能达成的时候。在生活中，他们一直是失意者，自己也觉得很少有人像自己一样。他们一般很诚实，很坦白，对人没有太多的防卫，很容易接近，也很容易接受别人。

第八，有的人站在那里一直不断地改变自己的站姿，并不是因为自己很累，就是一种长期以来的习惯。这种人的性格特点鲜明，脾气暴躁，很容易发火。这类人一般生活中多压力，经常会有身心俱疲的感受。他们很喜欢接受挑战，并且思想并不稳定，经常改变自己的想法，别人看起来很不适应，但是在他那里是常有的事。

一个人的性格体现在不同的方面，穿衣打扮，吃饭走路都有一定的讲究。经常研究，仔细琢磨，就会发现每个人的与众不同之处，从这些独特的微表情解读对方的内心世界。

不同走姿讲述不同的心情故事

从一个人的走路姿势，可以比较准确地看到此时他们的心情状况是高兴还是抑郁，他的生活状态是快乐的还是压抑的，他是个懒惰的人还是勤快的人。心情不好，垂头丧气，“迈着沉重的步子”；而兴高采烈时，步履轻松，节凑明快。每种不同的走路姿势背后一定在讲述一个不同的心情故事。

疾行

这是很不常见的一种走路姿势。一般如果不遇到很重大的事情，我们是不会走出这种“疾”的感觉来的。此时内心比较紧张，但并不绝望，认为事情尚有转圜余地，还没有到山穷水尽的时候，因此虽然走路很“疾”，但绝不会透露出慌张的感觉来。此时的脚步显得很沉重，这是控制自己情绪的一种压抑表现。这种走路方式一般多见于男性，女性很少能见到这样的走路方式。如果有，说明此人事业心很强，很有魄力，不是贤妻良母的类型，但能在单位独当一面。

急行

和上面的那种走路方式相对应，这种走法一般多见于女性。这种走法的典型特征是小碎步向前走。如果男性有这种走法，性格里阴柔的气息比较浓厚，程度严重的可能会有“娘”的感觉，或者是很内向，但性格孤僻，不大愿意理睬别人。有这种走法也是心情不安的一种表现，很焦虑，而且走路不是沿着直线走，时不时会在不经意间改变方向。走路有这种表现的人一般很难做决定，经常性犹豫不决，在一些需要决断的问题上迟迟下不了决心。

走路像是在跑

当然了，是很慢的那种跑。这类人是非常典型的现实主义者，不但自己现实，还会嘲笑那些有“梦想”的人。他们的生活重心讲的是稳，万事以稳为主，所以好高骛远的毛病他们是不会犯的，他们经常挂在嘴边的一句话就是“三思而后行”，只要是做决定，就要琢磨很长时间，可以不做，但不可以犯错。所以他们一般能很好地完成自己的事情，把所有问题都处理地比较不错，但他们的创新精神很差，一味求稳的心理对于更远的发展阻碍很大。

昂首阔步

这也是性格特点很明显的一类人，给人的感觉充满自信，很有活力，精神十足。只要你看见他，就会受到比较强烈的感染，这也是他们所希望发生的事情，因为他们总是在想办法让自己与众不同，给人留下较为深刻的印象，从而让别人记住自己。

大摇大摆

这是一种比较浮夸的心态体现。这类人最明显的特征是对自己目前的生活状态有十二分满意，也是自信的一种比较极端的体现形式。这种走路方式的人非常喜欢自夸，而且在自夸的时候，还需要别人附和，如果有人提出不同意见，对他的打击是很大的。因为他们的内心非常自满，认为自己无所不知、无所不晓，眼里很少有能看得见别人的时候，所以有人提出异议，这本身就是对他的一种否定。

闲庭信步

类似日常散步。这种悠闲缓慢的步调表现为两个形式：一个是散步般的慢行，再一个就是懒散地无所事事地徘徊。前一种比较安逸，没有不安，轻松自然，内心也平静，表现在脚步上，就是舒缓而有节奏，一个微表情就是一种心情，这种典型的闲散的步子，是微表情体现心理的一种非常生动的例证和说明。后一种不同，懒散者是无所事事地游荡，没有目的，没有思路，可能是原地打转，也可能是东一榔头西一棒子，混乱不堪，毫无章法，这类步调的人多数游手好闲，不求上进。

每一个坐姿就是一种人的性格定位

每个人的坐姿都和当时的心情以及个人的性格有直接的联系。注意观察下，有的人喜欢并拢着腿坐着，有的人喜欢跷二郎腿，有的人个则喜欢双脚交叉着坐。这些坐姿看似是不经意，但恰恰是这些不经意将他的性格以及彼时彼刻的心情暴露给了我们。

古板的坐姿

这种坐法是腿和脚并拢在一起，两只手放在大腿的两侧。这是很古板，也很挑剔的一种性格表现。经常采取这种坐姿的人最明显的特点是不肯低头，这种个性让他在朋友以及亲人面前非常不受欢迎，他们从来不知道什么是认错，即便事实已经摆在眼前，就是他错了，但仍然不会承认。

有这种坐姿的人极度缺乏耐心，比如说，开会时别人都能坐在那里听台上的人发表讲话，但是这种人不行，他们不是去厕所，就是找旁边的人聊天，总之是很难安静地听一会儿；在教导别人的时候，即便是自己没有说清楚，也不愿意多讲两句，所以这类人很不适合做老师。这类人非常挑剔，这倒不是完全针对别人，对自己他们也是一样的标准，但可惜的是，总是不能成功，因为他们的挑剔标准已经大大地超过了应该有的客观标准，可望而不可即。有时候他们看起来好像是很慎重，但其实多数情况下只是因为自己的挑剔性格在作怪而已。

聪明的坐姿

这种坐姿是左腿放在右腿上，两只手交叉着放在大腿的两侧。这是聪明、自信的一种坐姿“微表情”。这种人的自信来自于天生的自信，他们很少会怀疑自己错了，在和别人争论的时候，一般不会轻易承认自己观点的错误，同时根本不会在意到底对方说了些什么内容，不管说什么，他们都认为自己的观点才是正确的，别人的多半错误。这类人一生都在为自己的梦想而努力，而且天赋很好，比一般人要聪明很多，这也是他们为什么这么自信的一个根本原因。他们不但喜欢做领导，享受做领导的感觉，也有能力协调好各方面的关系。他们经常说“胜不骄，败不馁”，但一旦他们取得了不小的成就，得意忘形的姿态还是很明显。他们有远大的理想，往往不满于现状，有好高骛远的倾向，总是这山望着那山高，见异思迁。在感情上也很难在一个人的身上集中全部的精力。

谦虚的坐姿

这种坐法是两腿两脚并拢，两只手放在膝盖上，很温顺的坐法，显得端端正正，四平八稳。一般经常采取这种坐姿的人多属于内向型，自己的感情世界非常封闭，不喜欢和别人来往，他们的朋友很少，朋友圈子小，但并不以为意，却很享受这种生活环境和生活态度。他们最大的特点是谦虚，绝不会出现狂妄不可一世的时候。在遇到事情的时候，总是能首先为别人着想，这个特点让他们很能赢得朋友们的喜欢。即便是朋友很少，但其实他们是不缺少朋友的，而且跟每个朋友的感情都非常不错，也都不是泛泛之交。对这种类型的人，别人一般都会很尊重，正所谓你敬我一尺，我敬你一丈，有来有往。总体来讲，这类人的名声很不错，因为他们的为人很容易就能让他在朋友圈子里获得好名声。

果断型的坐姿

大腿分开，脚跟并拢，两只手一般习惯性地放在肚脐的位置。这种人的决断力很强，很有勇气，属于那种能“开疆扩土”的进取型人物，一旦他们做出了什么决定，就会立即采取行动，绝不会拖泥带水。在感情方面也是一样，如果他对某个人产生了好感，或者是喜欢上了某个人，就会很直接地找对方说出自己的感受。不过，他们在感情生活中并不总是能得到另一半的喜欢，因为他们的独占欲望很强烈，所以对方的私生活会因为它受到不小的影响。

腼腆的坐姿

膝盖并拢，小腿和脚跟成一个八字形，手掌相对放在膝盖的中间。这种人非常害羞，很容易就会脸红，同样的事情，别人没有任何感受的时候，他就开始受不了了。在生活中，他们是典型的保守派，对新事物的接受能力有限。不过他们对待朋友、亲人态度诚恳，愿意帮助别人，即便是可能因此而耽误自己的正事，也在所不惜。所以，只要你有事找他，一般只要一个电话就可以了，不用跑到他家里去当面和他说明情况。这种人的感情生活受到传统观念的强烈影响，有时候会被来自家庭以及社会压得喘不过气。

每一个坐姿就是一种人的性格定位。通过观察坐姿的“微表情”我们能很容易在第一时间获取对方的真实内心以及性格资料，掌握先机，以静制动！

睡姿，人最真实一面的反映

睡眠的重要性不仅仅是恢复精力，良好的睡眠习惯还是身体健康的一个重要保障。我们的睡姿是完全没有思想意识的一种身体语言。这种语言所表现出来的信息现在得到了越来越多人的关注。睡姿这种表情能很好地反映出个人性格里最真实、最本真的一面。

据统计，人的睡姿大概分为六种，每种睡姿都和本人的性格有直接的关系。

婴儿睡

这是很常见的一种睡觉姿态。身体侧躺，脸朝右，右手放在枕头上，或者是放在枕头边，左手很自然的搭落在腰上，双腿很自然地弯曲。婴儿在母体就是呈现这种睡眠姿势。这种睡姿的人性格比较有普遍的代表性，比如说在见到陌生人时会感到很害羞，一时间找不到更好的话题来转移这种害羞的心态。不过也不用太过紧张，因为你是这样，说不定对方也是一样，这种害羞的时间持续的时间不会太长，很快就会过去，转而就会谈笑风生。这种人一般给人的感觉是很强悍的，平时大大咧咧，其实内心很敏感。一点很小的事情就能引起内心的波动，引起阵阵涟漪。这种睡姿说明这个人的性格缺乏安全感。依赖性非常强，内心世界和平时表现出来的感觉是截然不同的两回事。他们很软弱，有时候近乎无能，但倒也并不是个人能力的问题，而是性格决定了他们很害怕面对自己不熟悉的事物，对自己熟悉的东西，比如说环境，比如说某个人，有很强烈的依赖心理。所以一旦面临困难了，他们多数情况下考虑的不是怎么去解决问题，而是怎么能逃避，非常消极的一种人生态度。感性是他们的人生标签，逻辑性差。

趴着睡

先不说这种睡觉方式体现的性格问题，从健康的角度来讲，趴着睡觉会增加心脏的负担，对健康很不利。趴着睡时，脸转向一边，两手放在枕头的旁边。这是非常少见的一种睡姿。这类睡姿的人很喜欢热闹，人多的地方他们总是感到很亲切，很快能融入这种吵吵闹闹的环境，胆子很大。但是脸皮有点薄，冷不丁的害羞表情让人有大吃一惊的感觉，内心多多少少有些神经质的成分。潜意识里，他们的自我保护意识很强烈，但并不知道该用什么样的方式来保护自己，平时生活里总是能感觉到自己好像是防卫过度了。社交场合，他们习惯性地和别人保持一定的距离，即便是不得已和你的距离很近，但其实内心的距离很远，因为他们的防卫心理让自己不会轻易接受一个人。同时他们以自己为中心，平时就非常关注自己，而不是别人，有时候会很极端。这种人一般都是内向型的人，内心封闭，保守。

仰面睡

这种睡姿是中规中矩的一种极端表现。睡觉的时候脸向上，平躺，两只手放在身体的两侧。这种睡姿的人性格很中性，既不过分外向，也不是很内向，他们很理性，极少会出现感情用事的时候，不大喜爱说话，很少有机会能听到他表露心迹，不喜欢一惊一乍，对自己和别人的要求都很高。如果看到的是这类人的负面性格，那就是刻板，保守，教条，过分强调原则和规则，灵活性不够，而且他的规则别人是不能更改的；但如果从积极的一面来看，这类人耐性好，做事有始有终，不会轻易放弃，有韧性，持之以恒，而且很讲信用。

“大”字形睡姿

这种人很乐意接受别人的建议和意见，并且在自己的朋友熟人需要自己帮忙的时候，一般不会含糊。有这种睡姿的人，性格上有两种倾向。第一种是盲目乐观型。他们对人对事的看法，态度并不是从人或事情本身出发，单纯就是自己的看法，而且持有的是积极的乐观态度，他们很自信，甚至是自负。快人快语是他们最典型的特征，心里藏不住话，也放不下事，一旦有点什么，就有说出来的欲望；另一种则是能力非常强悍，所以他们不畏惧伤害。两类人都缺乏对人的防卫心理，这一点和趴着睡的人正好相反。

树干型睡姿

睡觉的时候身体一侧靠近床边，腿的弯曲度很低，两只手靠近身体。这类人最明显的特征是很容易就相信别人，即便是陌生人，所以如果他们经常受骗就不奇怪了。这种人的性格很中庸，既不是非常理性的个性，也不是很感性。人在侧卧的时候，手放在胸前是一种防卫的表现，就像是我们在和别人见面的时候，如果对方让自己觉得很不舒服，或者是有点反感，这时会本能地将两只手放在胸前，这种姿势就表示自己的拒绝和防卫。睡觉的时候也是一样。

思念睡

所谓思念睡就是睡觉的时候身体弯曲，呈一个直角。这类人比较外向，很喜欢和人打交道。有些思念睡的人性格较偏激，有点愤世嫉俗，对很多事情都有自己的看法，而且多数是批判性的看法。这种凡事否定的态度让他很难接受别人的观点，所以就显得有点顽固不化。

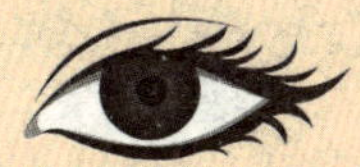

你的穿着打扮就是你思想的形象

1 衣着，是探究人心的一扇“窗户”

服装，可以说是人的“第二皮肤”，它的款式和颜色都会影响你和别人的接触，无论你是有意还是无意，它们所表达出的信息八九不离十，不会有太大的偏差。因为我们的服装不仅是为自己而穿，同时也在给别人留下印象，这两个因素是我们选择服装的先决条件。所以，我们完全可以通过一个人的服装来判断他的性格、意向、心理和情感。

衣着观念由真实性格“勾勒”

衣着是人社会性的重要内容，不仅掩饰了动物性，更将人在社会中的地位区分得清楚明白，人们在选择衣着的时候，都会考虑到方方面面，如衣着样式、年龄、经济条件、用途等等。一件满意的衣服到底是怎样的，其实都是由他们真实的性格勾勒出来的。

以实用原则为主的人

对以实用原则为主的人来说，穿衣仅是为了保暖，款式与时尚都是次要或无关紧要的。他们的消费很低，会省下很多的钱，属于持家类型；性情忠厚，有着菩萨心肠，往往悲天悯人，乐善好施，乞丐上门经常会受到款待，以中老年人居多。

以唯美原则为主的人

以唯美原则为主的人，购买衣物时，只要求好看，其他的如价格、质地和面料都是次要的。他们对一切美的事物都有十分敏锐的感受，以视觉美为最高的目标；喜欢浮夸，不注重实际，所付出的努力往往归于昙花一现，有所成就的机会很渺茫。

以思想愉悦为主的人

以思想愉悦为主的人，不喜欢时尚和流行，对商店橱窗中的展示往往不屑一顾，那些既简单而又保守的衣服才是他们的所爱。他们不在乎物质上的享受，对旁人的评头论足也当作耳旁风，只重视精神上的富足，为了买到理想中的衣服经常要耗费很多精力和时间。

以树立形象为主的人

以树立形象为主的人，选择衣服时，不以自己的好恶来决定，而是考虑能否给他人留下与众不同的印象。他们在乎自己的一举一动，而且努力实现完美，以求在大家心中树立起光辉的形象，这是他们相当重视权势和声望所致。

以讲究原则为主的人

以讲究原则为主的人，购买衣服的时候，过度讲求衣物的质地面料、手工和美观大方。他们有求知的热情和自己的人生目标；他们清楚自己的价值，懂得为自己争取适合自己的东西；他们的享受是建立在辛勤付出的基础之上的，所以多能实现目标和理想。

以节约原则为主的人

以节约原则为主的人，购买衣物时，首先从价格上考虑，然后再全力以赴地讨价还价，寸步不让。他们珍惜金钱，即使花一分钱也要计算它的价值；他们会用金钱衡量很多东西和事物，处处考虑金钱利益的得失，所以显得没有人情味，很势利。

穿着风格是内在的外在表现

郭沫若曾经说："衣服是文化的表征，衣服是思想的形象。"人的穿着风格，不仅衬托了一个人的容貌、气质与风度，更反映了一个人的素质与修养。穿着风格是人类内在的一种外在表现形式，它是一种不出声的物体语言，它可以传递人的心态、爱好及身份等多方面的信息。

喜欢朴实服装的人：坚韧、有计划，但运数不佳

政府官员和银行职员等，大概是由于职业的关系，大多喜欢穿朴实的衣服，这类人从表面上看也是朴实的，大部分属于体制顺应型。在朴素当中，也有一些豪华的特征。相反，喜欢豪华服饰的人，是自我显示欲望和金钱欲望都强烈的人，同时也具有歇斯底里的性格。

这种类型的人，顺应自己的性格特点发展适合自己的职业一般毫无问题。但也有些人不是体制顺应型的人，为了生活不得已而勉

强穿朴素服装。

平时喜欢朴实服装的人，但在某个豪华的场合上，你却看到他盛装而入，这种人就要引起人们的警觉。这类人可能十分单纯，也可能颇有心机。他对金钱的欲望非常强烈，对别人的批评也非常在意，很难接受别人对他的意见，对这类人奉承是上策。

穿着朴素的人向来非常小心，任何事情都有计划性，并且以诚实不欺者为多。另一方面，这种人外表看起来诚实忠厚，其实对酒色特别着迷，以致家运不好。应付这种类型的人，不要显示攻击心。

其次，这种类型的人人情味非常浅薄，是重视现实的人。

喜欢粗糙风格的人：特立独行型，用人不得法

粗糙风格就是不打领带的人，“领带好像是会束缚脖子，我不喜欢。”他们大概喜欢粗糙风格，像“一只狼”一样喜欢独来独往。

在穿着上不修边幅的人，大都是活力四射的精力旺盛之人。

这类人不愿久居人下，喜欢领导他人做事，但其用人的手法一般不是很高明。这种人不适合从事工薪阶层的工作，大多数人都是脱离工薪阶层，单独到社会中去做生意或自由闯荡。

因受某种职业特点的限制，许多人被迫打起了领带，假如一位主管有意无意对下属提起对打领带的看法，如果他回答是不喜欢打领带，那么就可能说明他对现在的处境不满意，有另起炉灶的意图。

喜欢蓝色、蓝紫色服装的人：待人虽温和，但自尊心强

喜欢穿此种颜色服装的人，大多性格是缺乏决断力、实行力。这类人说话比较啰唆，缺乏羞耻心和责任感，由于这类人不善于表露自己的情感，是自尊心非常强烈的人。

这种人与人相处时，如果你缺乏观察的眼光的话，会感觉这种类型是“很好的人嘛”，其实这种人缺乏人情味。假如这种人是你的处长，当你经过数次请客与某公司进行的交易成功时，你的处长就会讲话：“这件事情怎么没有预先报告，你自行交涉是不对的。”总而言之，这种类型的处长没有培养部下的能力，并且也不喜欢把功劳让给部下。

按照处长的意思是：“在请客方面花很多钱，不如把所花的钱直接送给谈生意的人更为有效。”这种想法是喜欢这类色彩服装的人特有的想法。

喜欢穿白衬衫的人：缺乏爱情，清廉洁白，是个现实主义者

白色与任何颜色都能搭配的优点，当然也能给人一种亲切感，但这种类型的人“穿什么都可以”，就是说对服装不挑剔，在性格方面是属于爽直派的。诸如此类穿白衬衫职业的，比如从事裁判官、医生、护士、机关的职员等职业的，你看到他们的第一印象都是缺乏感动性，尤其在感情方面和爱情方面。

这类人容易自以为是。对于自己喜欢从事的工作，他会一意孤行地追求和实现。在生意场上，往往是个躁动分子，极有可能与他人起冲突，随时有动干戈的事发生，在交际场合，遇到这类穿着的

人要有戒备之心。他们总会为自己的失误找出各种借口，没有什么话题可言，除重要的事交涉后，关于酒色话题一般不参与言论。有喜好穿白衬衫习惯的人，总是以工作为人生的支点，是不折不扣的现实主义者，对工作有一贯认真的态度。在茫茫众生中，总有一些脚步匆匆、马不停蹄的人，他们享有较高的社会地位，为了维持自己的“白领”形象，他们无时不在为工作做出努力，他们是上司眼里的精英、下属心中的怪物。

喜欢穿黑色服装的人：爱憎分明，但个性非常温厚

有的人说，穿黑色服装会使人精神紧张；也有人说，黑色服装是仅仅能在结婚、丧葬及祭祀的仪式中穿着的服装。

此种类型的人的性格特征是：对别人的态度不温柔，很难接近。

但假如了解了他的心理之后，你会发现他是个非常有趣的人。这类人大多都有点罗曼蒂克的气质，性格通常多是温柔善良，为人忠厚，且具宽容的气度。在商场上遇到这类人时，你必须对他持诚实的态度。他让你办的事儿，能够办到的话，你一定要立刻付诸行动，让他从实际中了解你，然后成为他的朋友和合作者。

对人依赖心非常强，是喜欢穿黑色服装人的短处。这种类型的人在性格上不喜欢半途而废，任何事情都要彻底弄明白，看起来好像是个乐观的人，实际上是为了隐蔽某一点，因此，花费很多心思来表现大方之处。这种人实质上有纤细神经的一面，经常处于着急状态。

穿着马虎的人：缺乏机密性、计划性，但有实行力

在穿着方面非常马虎的人，是可以从如下方面进行判断的。有的人上装着英国的名牌尼龙西装，脚蹬一双意大利飞龙皮鞋，却系着一条非常粗俗的领带。这种穿着不得要领、疏于考究的人，就是

穿着习惯上非常马虎之人，他们的特点就是与众不同。

这类人通常富有行动力，对工作抱有热忱之心。

假如在同事或晚辈之中有这种类型的人，对你而言，并不是件好事。这类人虽然富有行动力，得意之时，他会高高在上；失势之时，他又畏缩不前，是一类非常麻烦的人。

这类人一旦下决心从事某项工作，就会一贯如注，有始有终。

如果你和这类人相处，一定要掌握分寸，有距离地尊敬，因为他听到异己之言便会恼羞成怒。对于这类人，不宜采取责备的口吻或刺激性语言，让他对你造成不必要的妨碍。与这类人有生意上往来的时候，你的胜算相当低。如果你必须与这类人打交道，你就要学会使用自己的头脑和一定的手段，尽量别招惹他生气，这类人比较注重连带关系和相同意识。

2 “鞋子心理学”帮你看透人心

从贴身的内衣，到外面的T恤和包包，再到身体最上方的发型，像一个个性格展台，让我们看清了周围人的真实面目。那么托起我们身体，使我们想去哪里就可以去哪里的鞋子是否与性格无关呢？并非如此，下面就请看看心理学家对一些人的穿鞋习惯与爱好所做的分析。

喜欢穿系带鞋子的人

喜欢穿有鞋带的鞋子的人，性格多是比较矛盾的，他们希望有人能为他们安排生活，但又不愿意受别人的桎梏。为了化解这种矛盾，他们多是在尊重他人为自己所做的安排的同时，又努力寻找自由的空间，以求发展自己，释放自己。

喜欢穿不系带鞋子的人

喜欢穿没有鞋带的鞋的人，很是平庸无奇，喜欢和大众打成一片，虽然穿戴整洁，但讨厌跟着流行风走和讲究时髦，对引人注目一点也提不起精神；对于拿定主意的事情，会重拳出击。他们最大的优点是彬彬有礼，很有绅士风度。

喜欢穿细高跟鞋的女人

享有穿细高跟鞋这种专利的是年轻和怀念年轻的爱美女人。高跟鞋让她们风度超群、漂亮迷人和出尽风头，也让她们哑巴吃黄连——有苦说不出。类似“要风度而不要温度”，她们既要痛苦又要风度，不过值得安慰的是细高跟鞋为她们赢得了相当高的回头率，而她们并不需要搔首弄姿，或打扮得花枝招展。如此一来，谁都能清楚这些女人有什么样的性格和心理。

喜欢穿露脚趾头的鞋的人

喜欢穿露脚趾头的鞋的人属于从上到下都充满自由的类型，不仅喜欢炫耀自己的脚趾头，还有大腿、膝盖、小腿以及脚踝部位，并有让全世界都知道自己是个自由主义者的强烈愿望，任何约束对他们来说都是一种虐待。他们喜欢结交朋友，只要对方不摆出一副拒人于千里之外的架势，他们会非常愿意伸出友谊之手。

喜欢穿凉鞋的人

凉鞋上的条条带带越少，说明追求越简单。有些人骨子里讨厌用鞋子将脚丫包裹住，如果条件允许的话，他们宁愿脚下什么也不穿，以求一简到底，追回最原始的淳朴和野性。他们具有讲究实际的性格，对待友情认真负责，但前提是对方必须令他们满意或有所付出。

喜欢穿拖鞋的人

喜欢穿拖鞋的人生活洒脱，他们只追求自己的感受，而不在乎别人的看法。他们懂得享受生活，绝对不会因为别人的评价而苛刻地改变自己。

喜欢穿运动鞋的人

喜欢穿结实耐用的运动鞋的，以中小学生居多，他们一则朝气蓬勃，需要不时地展露一下，或是来个百米冲刺，或是翻墙越栅栏，回到家中不会被父母发现而遭到责备；二则开始爱美，知道鞋子最美的时候是最新的时候，同时也知道了钞票来之不易，于是价廉物美的运动鞋成为了他们的首选。他们有着自己的审美观点，常常以开路先锋的身份自居，认为自己必定会飞黄腾达，目前的这种小气只不过是黎明前的黑暗，所以不会在名牌面前露出惭愧之色。

喜欢穿远足靴的人

热衷于远足靴的人，通常会在工作上投入充足的时间和精力。他们有很强烈的危机感，能够居安思危，时刻准备迎接一些可能突然发生的意外。相对而言，他们有较强的挑战精神和创新意识，敢于冒险向陌生的领域挺进，并且具有较强的自信，相信自己能够成功。

喜欢穿靴子的人

喜欢穿靴子的人也许是看到古装剧中的角色都穿着靴子，而且气度不凡，便有意想要模仿，结果不论春夏秋冬，都穿着一双将脚和小腿，甚至大腿一起包裹住的靴子。其实这是他们没有安全感所致，他们希望靴子为自己鼓劲，增强自己的信心，让自己看起来更好。

喜欢穿时髦鞋子的人

喜欢追着流行走，穿时髦鞋子的人，有一种观念，那就是只要是流行的，就全部是好的。她们很少考虑到自身的条件是否与流行元素相符合，有点不切合实际地装扮自己。这种人做事时缺少周全的考虑，往往会顾此失彼，到头来事情乱成一团糟。他们对新鲜事物的接受能力比较强，表现欲望和虚荣心也强。

喜欢穿同一款鞋子的人

有的人始终穿着自己最喜爱的一款鞋子，这一双穿坏了，会再去买另外一双。这样的人独立意识较强，不喜欢在别人的阴影下生活。他们知道自己喜欢什么，不喜欢什么，他们很相信自己的感觉和信念，而不会过多地在意别人怎样看。他们做事谨慎，在做事之前会深思熟虑，在做事的过程中会全身心地投入，尽量把它做到最好。他们很重视感情，对自己的亲人、朋友和爱人的感情都相当忠诚，不会轻易背叛。

3 “刷脸读心”不再是传说

“爱美之心，人皆有之”，大多数人都会打扮自己。但不管是苦心经营自己的一张脸，一头秀发，还是为了配上天使般的面孔而潜心减肥，力图打造魔鬼般的身材。其实这些对美的追求与一个人的性情都是有密切联系的。

懂妆容，可窥探女人心

就爱美而言，自然是女人尤为重视。大多数女性在出门之前都会搽脂抹粉；闲暇之余，也总忘不了掏出随身携带的小镜子，偷偷补妆。但无论她们如何刻意修饰自己的脸，我们仍可窥探到她们的内心世界。化妆行为本身就在不经意间出卖了女人内心情感的秘密。

就妆容式样而言

喜欢时髦妆的女人：化妆时喜欢采用时下流行妆容的女性，大多青春靓丽。她们对新鲜事物的接受能力往往是很快的，对生活充满热情，但常缺少属于自己的独立的个性。她们十之八九不会为将来做太多的规划，而是更热衷于“今朝有酒今朝醉”。她们缺乏理财的观念，不喜欢苦行僧般的生活，自我表现欲望强烈，希望自己能够引起他人的注意，城府不是特别深。

长时间喜欢以同一模式化妆的女人：多年来一直保持着同样的

化妆模式，这一类型的人多有一些怀旧情结，常常会陷入过去的某种回忆当中，但也能很快地走出来。她们比较现实，能够尽最大努力把握住目前所拥有的一切。她们为人真诚、热情，所以人际关系不错，有很多志同道合的朋友。她们很容易获得满足，但是有点跟不上时代的潮流。

化妆特别强调某一部位的女人：有的女人在化妆的时候会特别强调某一部位，说明她们善于反省自己，知道自己的优点在哪里，更知道自己的缺点在哪里，尤其懂得如何扬长避短。她们多对自己信心十足，相信经过努力一定能够实现自己的理想。她们生活态度现实，并不是生活在虚无缥缈的幻想中的一类人。她们为人处世非常果断，并且能保持沉着、冷静的态度。

就妆容浓淡而言

喜欢化浓妆的女人：喜欢浓妆艳抹的女人，有强烈的自我表现欲望，她们总是希望通过一种比较极端的方式吸引他人尤其是异性更多的关注目光。她们的思想比较前卫和开放，但其实内心孤独，因为经常会受到保守者的攻击。不过，她们待人真诚热情，不会拐弯抹角，相当坦率，虽然有时会遭到一些恶意的攻击，但仍能够以德报怨，尊重他人。

喜欢化淡妆的女人：喜欢化淡妆的女人比较简单，大多比较传统，相较于前卫的、炫目的东西，她们更喜欢实在的东西。但她们对生活也有很多追求，只是不会苛刻，她们喜欢顺其自然，认为“命里有时终须有，命里无时莫强求”。这种女人不是很爱出风头，有时甚至非常不愿意让他人注意到自己。但这并不能阻止她们发挥自己的聪明和智慧，也不会妨碍她们获得事业上的成功。另外，她们拥有自己的绝对隐私，并且希望能够在这一点上得到他人的尊重和理解。

喜欢裸妆的女人：有的女性喜欢化看起来非常自然的妆，她们多是比较传统和保守的，思想有些单纯，富有同情心和正义感。但不够坚强，在挫折和打击面前常会显得比较脆弱，常常会在阴暗的角落独自品尝忧伤。她们为人很真诚，从来不会怀疑他人有什么不良动机。

就化妆时间而言

任何时候都不忘化妆的女人：有一种女人无论在什么时候，要去如何近的地方，都会补妆。这类女人大多对自己没有自信，企图借化妆品来掩饰自己在某一方面的缺陷。她们善于把真实的自己掩蔽起来。当然还有一种情形，那就是这个女人比较风骚，特别希望得到异性的青睐。

喜欢长时间化妆的女人：有些女性会用很长的时间化妆，她们属于完美主义者，凡事总是尽力追求达到尽善尽美。为了实现自己的目标，她们可能会付出昂贵的代价，但并不怎样在乎。她们做事大多能持之以恒。她们对自己的外表并没有多少的自信，所以在这方面会花费大量的时间、精力甚至是财力。但由于她们过分地强调外在的形象，总会给人造成一种相当肤浅的感觉。

任何时候都不会主动化妆的女人：从来都不化妆的女人，大致有三种：一种是粗俗实际的女人，她们为了生活疲于奔命，完全不在乎外表，只在乎能否吃饱肚子；一种是朴素的女人，她们也爱美，常常会羡慕那些漂亮的同性，只是由于成长环境的限制，她们没有尝试过化妆，也不敢去尝试，害怕弄巧成拙。第三种则是追求自然美的女人，她们对任何事物都不局限于表层的肤浅的认识，而是更看重实质的东西。她们懂美、欣赏美，有较高的艺术品位，对很多事情都有较深的见解。在她们心里有非常强烈的平等观念，并且不断地追求和争取平等。

一个人的发型，代表了他的个性

发型是人在打扮自己的时候非常重视的一个部分。尤其对于女性来说，从发型上更是能得到不少关于她内心世界的信息。发型有时候就像是女人的另一张脸，不同的发型可能就代表了不同的表情。

如果是长发飘飘，垂落肩膀，比较长，这样的女性一般比较招人喜欢，清纯靓丽，心地善良，内心比较简单，没有太多的心机，温柔，人缘好，很受大家欢迎，朋友比较多。这样的女性一般会安于做一个家庭主妇，对相夫教子的观念也比较认同。

同样是长发过肩，如果头发被烫成波浪形，那么这样的女性一般会比较喜欢自由自在，无拘无束，她们希望能将自己打扮得有相当的女性魅力，展现自己最美好的一面在人前，同时对男性也有想法，希望他们能想尽办法来取悦自己，同时这类女性一般会倾向于有自己独立的事业，而且为了工作，也能做出很大的努力。

长发但是没有经过什么修饰，就是虽然头发比较长，但是很少去理发店对自己的头发做什么工作，这样的女性一般喜欢朴素、简单的生活方式，而且一般有相当的思想内涵，不同于经常修饰自己的女性，不过她们一般比较守旧，对于创新类的东西接受能力不是很强，自己也缺乏创新精神。

再有就是披肩发，这类女性属于比较中庸的一类，她们既不会让自己显得很张扬，也不会让自己看起来很保守，既不是那种看起来很时尚的一类，但你也绝对不会发现她们有落伍的一天。

短发的女性有朝气，她们不是很在乎自己的女性气息是不是很浓厚，是不是因为头发短而缺乏女人味，她们是属于相对理智的一类，能分得清事情的轻重缓急，懂得取舍之道，做事直截了当，主次分明。

另外，对于男性而言，虽然我们常看到的男性发型不像女性那么多，但是和女性一样，男性的发型也能体现出内心的想法和性格的特征。

对自己的发型比较随便的男性，他们很少或者是几乎不会去考虑什么样的发型适合自己，这样的人一般在面对问题或者失误的时候，总是想找借口，第一时间就在想有什么借口可以为自己搪塞一下，不愿意改变自己，生活中，经常会因为一些事情而妥协，违心地做一些自己可能根本就很讨厌的事情。

长发男性。这种发型的人比较少，他们有很好的判断力，能做出最明智的或者是对自己最有利的选择，同时精于世故，事业心强，对于成功有强烈的渴望。头发简单，简洁，看上去好像是没有经过太多的修饰，但是却很能和自己搭调，他们一般事业心很重，非常想把事情做好，但是结果可能往往不尽如人意，有时候可能会有缺乏责任心的表现，遇到困难的时候，逃避的想法比较强烈。

平头在男性中也是比较常见的一种发型，他们的思想相对比较守旧，男性气息浓厚，很不喜欢“娘”的男性，这类人虽然外表看上去很无所谓，大大咧咧，但是内心很细腻。光头的男性很少见，这类人比较神秘，如果经常是光头示人的话，这类人的想法可能会很奇怪，和一般人不一样，外人也很难猜透他们在想什么。

总之，发型不但代表了一个人的日常喜好，对美的认知，也在无形中暴露了性格特征。发现不同发型的同时，不要只顾着欣赏美与丑的问题，不要忘了，这个发型后面还说明了他是怎样一个人！

4 配饰，是心灵文化的聚集点

帽子是性格的表白和情绪的延伸

我们不止一次提到过，一个人的喜好必然与其性格特征有着某种联系，对于帽子的选择当然也不例外。现如今，帽子不仅仅有御寒、增加美观的功能，而且还能树立某种个人形象。英国最有声望的女帽设计和制作大师斯蒂文·琼斯就曾说过："它不仅仅让你看起来更漂亮、更引人注目，而且是你性格的表白和情绪的延伸。"而我们自然也可以凭借一个人戴帽子的喜好，轻松地了解他的个性特征。

总喜欢戴鸭舌帽的人

鸭舌帽，所表现的个人特点是稳重、踏实。如果男人戴这种帽子，那么他会认为自己是个客观的人，面对问题时，能从大局着想，不会因为一些细枝末节而影响整个大局。

有时候这种人自以为是，故意摆弄老练的个人形象，在与别人交往时，就算对方胸无城府，他还是喜欢与别人绕着弯去说话办事，直到把别人都搞得不知道南北了，他的个人意见还是没有表达出来。

他之所以这么做，是因为他是个会自我保护的人，不愿轻易让别人了解他的内心。他不是个攻击型的人，但是个很会保护自己的防守型的人，所以他很少伤害别人，但也不容许别人伤害他。

他是个很会聚财的人，相信艰苦创业才是人生的本色，多劳多得是他的人生信条，他从不相信不劳而获或少劳多获，他认为他所拥有的财富来之不易，所以他从不乱花一分钱。

喜欢戴圆毡帽的人

总喜欢戴圆毡帽的人，对任何事情都感兴趣，但从不表达自己的看法，即使有看法也是附和别人的观点，好像没有任何个人独到的见解。但他们不是没有主张，只不过是个老好人，哪怕是个最不起眼的人，他都不愿随便得罪。

他们在骨子里是个忠实肯干的人，对只有付出才有收获的道理坚信不移。他们对不劳而获的人恨之入骨，相信君子爱财取之有道，对不义之财一贯的态度是视而不见，从来不让不义之财玷污自己的手指。

对于做每一件事情他都会全力以赴，投入巨大的精力和热情，对于报酬，他只拿属于自己的那一份。他是以自己的美德赢得尊重的。

在选择朋友方面，他表面随和，其实颇为挑剔，他认同“道不同不相为谋”，因此除非对方和他有类同看法和观点，否则他是不会考虑和他深交的。

喜欢戴旅游帽的人

旅游帽款式多样，其实就是一种装饰品，因为这种帽子既不能御寒也不能抵挡阳光。用这种帽子来装扮自己以投射某种气质或形象；或者戴上它另有企图，用来掩饰一些他认为不理想或者有缺陷的东西。

从这些方面所表现出来的特点看，那些爱戴旅游帽的人，一般是内心虚伪、不踏实的人，他们善于投机取巧，因此，能真正了解这类人的寥寥无几，大多只是了解个皮毛罢了。

由于他们过于聪明、自以为是，在别人面前既唱红脸又唱白脸，以为自己做得天衣无缝，其实别人早已看出他是个不可深交的人。因此，他真正的朋友不多，多半是与他面和心不和的人，有时他也能看出自己的缺点，但由于他的本性所决定，他无法改变这些事实。

在事业上，这种人也用他那套投机之术去钻各种空子，有时也会收到不错的效果，当他黔驴技穷时，也就会被他的上司和同事看穿。

喜欢戴礼帽的人

戴礼帽的人，大多是觉得自己稳重而具有绅士的风度。这种人急切渴望给人一种沉稳而成熟的感觉，在别人面前，行为举止也会经常表现出很具传统思想。这类人除自己喜欢的礼帽外，连自己的皮鞋不管任何时候也是擦得锃亮，就连所穿的袜子也一定会给人一种厚实的感觉，尽管是在炎热的夏季，一样会拒绝穿丝袜。由于他们看不惯很多东西，所以他们多少有点自命不凡，认为自己是个干大事的人，进入任何一个行业都应该是指手划脚的高人。

可惜他过分保守并且缺乏冒险精神，成就并不大，所干的事业也不像想象的那么顺心。

在友情上，他的朋友会觉得他保守、呆板，不容易掏真心话，即使他在见面时斯文有礼，也不能加深他们之间的友谊，他和任何一个朋友之间的友谊都不能保持应有的深度。他有时也会想到这些，并试图努力去改变，但他天生的性格使他难以表达自己的心思，有时反而适得其反。

总喜欢戴着彩色帽的人

总喜欢戴着彩色帽的人，在不同的场合，针对不同颜色的服装，佩戴着不同色彩的帽子，他们似乎是天生的服装专家，这种人一般是赶得上潮流的时髦人物。

这种人对颜色鲜艳的东西非常敏感，对时下流行的东西嗅觉灵敏。每当出现新鲜玩意，他总是最先尝试，希望人家说他的生活过得丰富多彩，懂得享受快乐人生。这种人总是以弄潮儿的身份，旁若无人地走在时代的最前沿。

同时，这种类型的人也是喜欢热闹、害怕寂寞的。因为他朝气蓬勃、精力旺盛，那颗不甘寂寞的心，总是使他躁动不安，他会经常呼朋引伴，一起到歌舞升平之地去挥洒自己的好心情。当曲终人散后，这种人会自然地产生寂寞的心绪，当最后一支舞跳完后，他会有情不自禁的失落感。

对于工作，他的热情和消极是成反比例的，有时会为他带来一定的好运，当他热情起来时，就像有使不完的劲，一旦无聊时，空虚感马上袭满他的心头。

你的手提包，泄露了你的秘密

提包是人们在工作、学习和生活当中非常重要的一件物品，很多时候它几乎与人形影不离，人走到哪里，它们也随之被带到哪里。正是因为手提包具有如此非同寻常的作用，所以，它们在一定程度上可以向外界传达一定的信息，让外界通过提包来认识提包的主人。

提包的样式是多种多样的，人们可以根据自己的喜好进行选择。

选择的手提包比较大众化的人。他们的性格也比较大众化，或者说没有什么特别鲜明的、属于自己的个性。他们在大多时候都是随大流的，大家都这样选择，所以他也这样选择，没有主见，目光和思想比较平庸和狭窄。人生中多少有收获，而无大的成就和发展。

选择的手提包十分有特点，甚至是达到那种让人看一眼就难以忘却的程度的人，其性格可能要分两种不同的情况来分析：一种是他们的个性的确非常强，特别的突出，对任何事物都能从自己独特的思维、视觉等各方面出发，从而做出选择。这一类型的人中，有很多具有艺术细胞，他们喜欢我行我素，不被人限制，而且他们标新立异，敢冒风险，具有一定的胆识和魄力。假如不出现什么意外，自己又肯努力，将会在某一领域做出一定的成绩。另外还有一种人，他们并不是真正的有什么个性，也没有什么审美眼光，不过是为了要显示自己的与众不同，故意做出一些与其他人迥然有异的选择，以吸引更多的目光罢了。这一类型的人自我表现欲望及虚荣心都比较强。

选择的手提包多是休闲式的人。可以看出他们的工作有很大的伸缩性，自由活动的空间比较大。正是由于这样的条件，再加上先天的性格，这类人大多很懂得享受生活。他们对生活的态度比较随便，不会过分苛刻地要求自己。他们比较积极和乐观，也有一定程度的进取心，能很好地安排工作、学习和生活，做到劳逸结合，在比较轻松惬意的氛围里把属于自己的事情做好，并取得一定的成就。

选择的手提包多是公文包。这也从一个侧面说明了提包主人工作的性质。他们有可能是某个企事业单位的老总，假如是普通的职员，也是正规单位的。选择公文包或许是出于工作的一种需要，但其中多少也能透出一些性格的特征。这样的人大多办事较小心和谨慎，他们不一定非得要不苟言笑，即使是有说有笑，对人也会相当严厉。当然，他们对自己的要求往往更高。

喜欢方形或长方形的手提包，在有些时候可以当成是一件配饰。这种手提包外形和体积都相对比较小，因此，使用起来并不是非常的方便。喜爱这一款式手提包的人，多是没有经历过什么磨难的人，他们比较脆弱或不堪一击，遇到挫折，很容易就妥协或退让。

喜欢中型肩带式手提包的人。他们在性格上相对比较独立，但在言行举止等各个方面却是相对较传统和保守的。他们有一定相对自由的空间，但不是特别的大，交际圈子比较狭窄，朋友也不是很多。

非常小巧精致，但不实用，装不了什么东西的手提包。一般而言，应该是年纪比较轻，涉世也不深，比较单纯的女孩子的最好选择。但假如已经过了这样的年纪，已十分成熟了，还热衷于这样的选择，说明这个人对生活的态度是十分积极而又乐观的，对未来充满了美好的期待。

比较喜欢具有浓郁的民族风味、地方特色的小提包的人。自主意识比较强，是个人主义者。他们的个性突出，常常有着与他人截然不同的衣着打扮、思维方式等等。有些时候显得与他人格格不入，因此，营造出比较好的人际关系存在着一定的困难。

喜欢超大型手提包的人，性格多是自由自在、无拘无束。他们很容易与别人建立某种特别的关系，但是关系一旦建立之后，也会很容易就破裂，这也是由他们的性格所决定的，由于他们的生活态度太散漫，缺乏必要的责任感。虽然他们自己感觉无所谓，但却并不是其他所有人都能容忍与接受的。

把手提包当成购物袋的人，多是希望寻找捷径，在最短的时间内，以最少的精力把事情办完的人。他们很讲究做事的效率，但做起事来又比较杂乱无章，没有一定的规则，很多时候并不能如愿以偿。他们的性格多比较随和与亲切，有很好的耐性，满足于自给自足。在他们的性格中感性的成分要比理性成分多一些，做事有些喜欢意气用事。独立能力比较强，不太习惯于依赖他人。

一个手提包，但有很多的口袋，可以把各种各样东西放到该放的适当位置。选择这样的手提包的人，说明他们的生活是非常有规律性的，而且能在大多数的时候保持头脑的清醒，不会轻易做出糊涂的事情。

喜欢金属制手提包的人，多是比较敏感的，能够很快跟上流行的脚步，他们对新鲜事物的接受能力非常强。但是这一类型的人，在很多时候自己并不肯轻易付出，而总是希望别人能够先付出。

喜欢中性色系手提包的人，其表现欲望并不是很强烈，他们不希望引起他人的注意，目的是减少压力。他们多持得过且过的态度，生活比较懒散。在对待他人方面，也喜欢保持相对中立的立场。

不习惯于带手提包的人，其性格要分几种情况来讲，有可能是由于他们觉得带一个包是一种负担，过于麻烦。另一种可能是他们的自主意识比较强，希望独立，而手提包会在无形当中造成一种障碍。两种情况都是把手提包当成是一种负担，可以显示出这种人的责任心并不是很强，他们不希望对任何人任何事负责任。

喜欢男性化手提包的人，一般而言，都是比较坚强、剽悍、能干的，并且趋于外向化的。

手提包里的东西摆放得乱七八糟，没有一点规则，要找一件东西，需要把手提包内所有的东西全部翻出来，这类性格的人生活是杂乱无章的，奉行的是“无所谓”的随便态度。他们做起事来多比较含糊，目的性不明确，但对人一般都较热情和亲切。但是，由于他们的生活态度有些过分随便与无所谓，因此，经常会使自己陷入比较尴尬的境地。与这一类型的人相识、相交都比较容易，但是分开也不难。

手提包内的各种各样的东西摆放得层次分明，想要什么就可以伸手拿到，这说明手提包的主人是一个很有原则性的人，他们多有很强的进取心，办事认真、可靠，待人也比较有礼貌。一般而言，这一类型的人有很强的自信心，且组织能力突出。缺点是他们大多比较严肃、呆板，会过多地拘泥于生活中的某些细节中。

手表的最大价值，在于可看人心

现如今，人们佩戴手表，已经从原来单一的计时需求转向装饰需求，而我们也可以从他人所佩戴的不同手表款式中发现他们不同的性格。

佩戴怀表的人

时间观念较强，对时间享有较好的控制能力，即使他们每天的生活都是忙忙碌碌的，也并不是时间的奴隶，他们懂得如何驾驭时间，懂得如何自我放松，并且进行自我调节。他们有较强的适应能力，善于把握和控制自己，能够很好地调整自己的心态。他们乐于收集一些过去的东西。他们有一定的文化修养，因此，言谈举止比较优雅。他们有比较浓厚的浪漫思想，常会制造一些出人意料的惊喜。他们把人与人之间的友情看得高于一切，并以惊人的耐心来经营。

佩戴液晶显示型手表的人

一般是生活中精打细算地过日子的能手，他们在生活中表现出常人难有的节俭习惯。他们的思维比较单纯，对简捷方便的各种事物比较热衷，而对于太抽象的概念则难以理解。他们在为人处世时，以认真的态度为主，不会随随便便地与他人打成一片。

佩戴古典金表的人

眼光一般都比较长远，能够在发展中看待一切，他们对眼前一些既得的利益不会太在意，会注重一些更有发展前途的事业。他们心思缜密，头脑灵活，往往有很好的预见力。他们的思想境界比较高，而且非常成熟，凡事都看得清楚透彻。他们有宽容力和忍耐力，而且很讲义气，能够与家人朋友同甘共苦、生死与共。这种人对外界的一些困难和压力从不服输。

佩戴闹钟型手表的人

一般是严于要求自己的人，他们自己把自己的神经绷得很紧，丝毫没有放松的时候。这一类型的人算不上传统和保守，他们喜欢按一定规矩办事，他们在争取成功的过程中任何一件事都是以相当直接而又有计划的方式完成的。他们很有责任心，有时候会刻意地培养和锻炼自己在这一方面的能力。不得不提的是，这种人还是组织和领导方面的天才。

另外，从佩戴喜好上来说，不同的人也存在着一些自然的差异。在富有家庭里成长起来或较有修养的人，一般将手表戴在左手内侧，这类人在工作中头脑聪慧，而在个人情感上，则表现得往往十分害羞而不敢向对方表达自己的意思；还有一些人图方便，把手表戴在右手上，不但开车的时候，甚至做任何事情的时候都比较省事，除了这些实际的好处以外，还有招引大家注意的意图。

手套，藏得下手，藏不住心

当面对柜台上琳琅满目的手套时，你会选择什么款式和颜色的呢？当你确定你所需要的手套并掏出自己的钱夹时，你的选择已反映了你内心的愿望，从而也表明了你在别人面前所崭露的形象。

颜色

白色手套：无论所穿衣服是何种颜色，都喜欢戴白色手套的人显然是想标榜自己是个清高、纯洁的人。

任何一种自我标榜都有欲盖弥彰的嫌疑，也就是说，这种人的所作所为并不像他所戴的手套一样洁白无瑕。

与人相处时，在彼此的言谈之间，这种人的表现总是显得很开朗，好像自己是个心无旁骛之人。而实际上呢，这种人所讲的话中水分特重。这就意味着这种人喜欢夸大本身的成就，比如明明是租房或分期付款买房，硬是一口气说成是买下的；月薪不过三四位数，却说成五六位数；银行存款没有上千元，甚至出现赤字，却经常告诉别人自己花大笔金钱出国旅游。

在工作和事业上，这种人也是急功近利的。他们是类想付出少收获多的人，甚至是不劳而获的人，专摘胜利果实。即使做了一点点事，也想马上得到回报。因此，这种人没有耐心以踏实的表现去等待上级的赏识，时常转而走别的途径。在他们的一生中，注定要多次跳槽。

在追求异性上，也与其个性一样，刚开始时，他会怀着极大的热情，以密集型的方式进行大规模轰炸，每天不断地送鲜花，送礼品，邀请对方去咖啡厅、酒吧。在大献殷勤之后，一旦得手或者对方无动于衷，他就会立刻放慢手脚，不再投入更大的精力。因为他没有耐性和恒心去建立更有深度的关系。

黑色手套：黑色的背景是沉静和神秘。在众多颜色的挑选中，如果一个人唯独选择黑色手套，这表明他是个稳健持重的人，不轻易表明自己的意见，他在考虑事情时总爱往消极的方面想。

无论是在工作还是人际关系方面，这种人稳重的作风都会受到别人的称赞。但他有可能意识不到，在这个崇尚自我炫耀的社会里，他的存在很容易被忽略。

也就是说，这种人那亘古不变的个性，从好的方面讲，是稳重靠得住；说得难听点，是个顽固不化的套中人。这种人不是个寻欢作乐的人，歌舞升平之地根本不会有他的踪影；也不是个追赶时尚的人，只有在最沉闷的会议室里，才会见到他的影子。

样式

色彩鲜艳的手套：喜欢色调明快的手套的人一般来说都是年轻人，当然也要因人而异。喜欢颜色鲜艳的手套的人，性格特征也是相当突出的。总的来说，这种人为人豁达大度，对任何事情都持乐观态度，很少优柔寡断，因为在他们遇到某种事情时，会从不同的角度去看待，从而解放自己，使自己不受拘泥；他们也不去钻牛角尖，把自己赶入死胡同。

即使在遇到挫折时，他们也会从好的方面想，认为这个世界多姿多彩，值得欣赏的东西太多了，况且条条大路通罗马，又何必为了一点挫折而使自己愁眉不展呢。

所有和这种人相识的人，都欣赏他乐观豁达的态度，也相信他是个乐于助人的人，在自己苦闷有心事的时候，都会来找他并希望他能为自己解闷开怀。

当然也有人对这种人的行为不以为然，认为他对待人生太轻率了，把任何事情都想象得过于简单。因此，在工作中，他的上司并不轻易委他以重任，不过他不会为这种事情而去斤斤计较，他的性格总是能使自己泰然处之。

绘有图案花纹的手套：如果是成年人戴着绘有花纹的手套，那他还是童心未泯，是个常常以游戏人生为乐事的人物，从某方面说他是老顽童也不过分。这种人对周围的人也是一副乐哈哈的样子，他不会对任何人构成威胁。

如果这种人是从事艺术创作行业的人，他肯定会取得一定的成就的，因为他的想象是奇特的，而他那张很稚气的脸上充满了新奇的神色。他是个有着丰富想象力的人。

这种人懂得如何去关心人，但在很多时候他更需要别人的关心和帮助。这种人心地善良，有同情心，但他的个性并不软弱，最讨厌别人对他凶狠的模样，总是能摆出一副吃软不吃硬的样子。

材质

棉质手套：喜欢棉质手套的人，一定是个朴实无华的人，为人脚踏实地，如果能在街边大排档吃同样美味可口的食物，那么这种人是不会以数倍的价钱进酒楼或餐厅，去吃价格昂贵的同样食物的。

在工作中，他们不会刻意表现自己，但也不容许上司或别的人忽视他们对公司的贡献。只要他们认为自己的劳动和公司赋予的酬劳是相当的，那么他们会一直在公司待下去。

这种人对待家庭和配偶与他的个性是一致的，他的一切言行举止从不违背原则，他同样非常关心家人和朋友。所以，他的家人和朋友都非常信任他，认为他勤奋刻苦，对待友情忠心不二，是能够同甘共苦的好伙伴。

有时他的家人因他对于生活要求不高而责备他，或者因他事业上缺乏进取心而颇有微词，但这种人依然我行我素，始终认为知足常乐才是人生真谛，强迫自己往上爬会得不偿失。

丝质手套：喜欢质地轻巧的丝质手套的人，希望别人觉得他是个会享受人生的人，从而注重生活中的每一个细节。

这种人热情奔放，追求物质，崇尚虚荣，所以他的整个生活都沉浸在各种名牌中——衣、食、住、行，全是使用名牌货；甚至他希望他所接触的人也具有一定的知名度。

当他的朋友指责他爱慕虚荣，过于势利时，他对此供认不讳。他觉得人是分三六九等的，每个人都有自己的位置，自己生来就该享受，是有地位的人。

这也会波及他对事业的追求，他特别注重自己的职位是否在工作中起到举足轻重的作用。就因为这种人太追求地位了，以至于他对工作的热情程度不高，至于能否对社会做出大贡献，他觉得完全不重要，也不愿意去关心它。

有些话，听到了不等于听懂了

1 言谈习惯，具有心理投射功能

孔子曰："不知言，无以知人也。"意思是说在和人相处时，如果没有听到他言谈，很难说此人是一个什么样的人。在与其经过几次谈话后，通过对方的言谈习惯，我们就会对此人的行为、性情有一个大致的了解。

识人，就从"打招呼"开始

打招呼是我们日常生活中最常见的一种人际交往行为，这种行为可以被认为是友好、开放、接受的态度。如果你碰见一个人冷冰冰的，想想看，你会有什么样的想法。神经病吧他！所以基本上对于成年人而言，打招呼是一个非常普遍的行为，每天都会进行。

早上来到单位和同事们说声早，下班后"拜拜"这都是很常见的事情，也是很符合社会交往规范的。打招呼的出现频率很高，人人都会有的行为，但是人人不同，从打招呼的方式上就能看出这个人的性格特征。

首先是距离问题。人和人的距离是很有讲究的，尤其是在打招呼的时候，如果我们能察觉出彼此的距离，就能很容易摸清对方对自己的态度，他的性格倾向。比如说你和某个人打招呼，这时候他却故意退后了两三步，对你而言，这是什么信号呢？你可能在想，这家伙真不礼貌，我和你打招呼，你离我那么远，我又不会吃人，干吗那么冷漠。所以一旦出现这种情况，他就会给你留下很不好的印象，对他而言，可能认为这是谦虚的一种表现，是自己退后，而不是盛气凌人。

不过这种行为如果用到社交场合，就会被认定是不礼貌的一种表现，有意拉开彼此的距离，表示的意思是戒备，疏远。如果是无意识的行为，就意味着对方潜意识里想要避开你，远离你，同时希望能在彼此的关系上找到优势心理，给你一种心理压力，让你首先在心理状态上就处于劣势。

有些人和你打招呼的方式是点点头，同时眼睛一直在盯着你看，这说明对方对你怀有一定的戒备心理，同时他也想在彼此的关系中占据优势的主导地位。他的眼睛一直盯着你的眼睛，说明他在推测你的心理动态，想了解你在想什么。和这种人打交道，不应该过于急切，如果想有一个比较不错的关系，那么就需要循序渐进，急不得，要保持你的诚意。如果一旦急切，很可能会被对方看到你的缺点，这时候他可能就会看不起你，从而产生反作用。

和上面那种人相反，有的人打招呼一直都不看对方的眼睛，虽然你在看他的眼睛，希望能得到一个正面的回应，但是始终没能得到。有的人认为这是对方的一种傲慢的态度，其实并不是这样，恰恰相反，这是因为对方有很深的自卑感。要么这个人可能是非常胆小的一个人，如果你的动作有点过激，很可能就会将对方吓跑。所以和这种类型的人打交道，要注意保持一颗平常心，要能平静地对待他的一些不被常人理解的反应，平等看待彼此的关系，这样就能比较容易建立起关系。

有的人和别人第一次见面就像是很早就认识的老朋友一样，很随和地上来和你打招呼，很随便自然。别人对这种情况可能并不是一下子就能接受的，所以经常会有被吓一跳的感觉，起码心里也感觉有些不舒服。对于女性，如果出现这种行为，是因为她们想在彼此的关系中建立起比较有利于自己的地位；对于男性，如果见到女性就很随意地上前打招呼，那么女性朋友要注意了，他们和女性不一样，这种人一般以浪漫多情自居，很多情况下都是滥情者，而且有不少这样的男性是游手好闲者。

有些人和自己的熟人，甚至是朋好打招呼的方式千篇一律，虽然很熟了，但是仍然是老套路，这种人一般自我保护、自我防卫的意识很强烈。

还有些人在接受礼物时也会表现得和多数人很不一样。比如说你给他送了一件礼物，如果是平常人在办公室见到了，对方可能会说，真谢谢你的礼物，我很喜欢！但是这种人不一样，明明他接收到了你的礼物，但是在办公室有人的时候，仍然很冷淡地和你说：“早！”没有人的时候，他才过来对你讲，你的礼物我已经收到了，谢谢。跟这类人说话，以及其他的交往不能太随便，尤其是在比较正式的办公场合，和工作无关的事尽量不要讲。否则的话，可能会引起他的反感，以至于出现不必要的不愉快。有的人却不一样，他们在工作的时候非常认真，正儿八经，一直都是那种很专业的姿态，但是一旦下了班回到家里，就没日没夜地玩麻将，这类人一般表里不一，而且极为重视自己的名誉。

不但打招呼的方式能反映出一个人的性格来，打招呼常用到的一些话，也能反映出一个人的心理以及本质的性格特点。

经常用“你好”打招呼的人一般做事认真，很勤恳、理智，很少有感情用事的时候。这种人一般深得身边朋友熟人的信赖；经常用“喂”的人，一般比较外向，很活泼，喜欢被别人爱慕追逐，心思很简单，富于幽默感，创造力方面有不俗的表现；经常用“嗨”的人，他们很热情，多数情况下，都很讨人喜欢，但是很害羞，总是担心自己做错事，所以不敢做出太多新的尝试，多半多愁善感；“过来呀”这类人很喜欢冒险，不过也能从每次的失败中吸取经验教训，做事果断，喜欢和别人分享自己的感情和想法；“你怎么样？”这种人很容易辨认，他们最突出的特征就是喜欢出风头，他们能利用各种机会让别人注意到自己的存在，很自信，但却经常迷惘，做事有始有终。

说话方式中，含着你的情商和修养

“说话”不仅仅是言语的交流，还会呈现出各种信息。因为一个人所讲的话，都是在表述自己对各种事物、情况、问题的看法，而在讲这些话时所表现出来的语言特点，不仅可以很好地反映出一个人的性格特征，同时也会折射出他当时的心理特点和心理变化。

喜欢使用恭敬用语

这类人大多比较圆滑和世故，他们对他人有很好的洞察力，往往能够体会到他人的心情，然后投其所好。对此，你要提防被这类人灌迷魂汤，从而丧失正确的判断。

喜欢使用礼貌用语

这类人大多有一定的学识和文化修养，能够给予他人足够的尊重和体谅，心胸比较开阔，有一定的包容力。与这类人打交道，你会感觉到无比轻松，并且能够从他们身上学到与人相处的智慧和技巧。

说话非常简洁

这类人性格豪爽、开朗、大方，行事相当干脆和果断，凡事说到做到，拿得起放得下，从来不犹犹豫豫，拖泥带水，非常有魄力，开拓精神可嘉，有敢为天下先的胆量。你可以非常清楚地知道他们的需求是什么，并从中学会做事的本领。

说话拖拖拉拉，废话连篇

这类人大多比较软弱，责任心不强，遇事易推脱逃避，胆子比较小，心胸也不够开阔，婆婆妈妈，整天在一些鸡毛蒜皮的小事上面纠缠不清。面对这类人，最忌讳的就是和他们陷入无休止的辩论中。把话说到点子上，是与他们沟通时必须牢记的一点。

说话习惯用方言

这类人感情丰富而又特别重感情。跟他们打交道，可以使用感情这个筹码，播撒你的人情种子，终有一天会获得丰收。

善于劝慰他人

这类人才思敏捷，对人情世故有深刻而又正确的理解和认识。由于感情丰富，他们易于和他人产生共鸣，因此在交往中可以发展成知心朋友。

好为人师

这类人一般自我意识强烈，常常自以为是，目中无人，表现欲望强烈，希望自己能够引起他人的注意，喜欢卖弄。想走进这类人的内心，最根本的一点是满足他们好为人师的心理，注意迎合他们。并且，你要善于在倾听中明白他们的需求。

肆意污蔑他人

这类人心胸狭窄，无法容忍别人比自己过得好，嫉妒心强，爱搬弄是非。在接触的过程中，你一定要善于掩盖自己的才干，展露自己普通的一面，从而避免引起对方的猜忌。

说话尖酸刻薄

这类人多不太尊重他人，也时常缺乏基本的礼貌，他们对人大多特别挑剔，似乎永远也没有满意的时候，时常会遭到周围人的厌恶，人际关系并不是很好，而他们自己却意识不到这一点。

幽默，其实是一种本能

幽默感本身是没有局限的，每个人都有，但是它要受到时间和空间的限制。如果能将幽默感适时地表现出来，那么一个人的性格其实也就暴露无遗了。而且幽默这回事我们经常能见到，很多人都会在生活中时不时地来点幽默，不是这样的形式，就是那样的形式，不同的形式就体现了不同的性格特征。

第一种是为了打破某种僵局而来点幽默。这种情况我们经常能见到，比如说别人在拿你寻开心，你又不能发火，这时可能就会有人出来打圆场，这时打圆场最好的方式就是以幽默的方式进行。这种人一般反应很敏捷，脑子转得很快，不管遇到什么问题，都能做到随机应变。这个时候如果巧妙地运用自己的幽默来打破这种僵局，很显然，他会成为众人的焦点，这有迎合别人心理的一种作用，因此可能就会被大家关注。因此这类人一般表现欲望很强，他们很希望自己能成为众人的瞩目的中心人物，能够得到大家的注意和认可。

第二类，用幽默来挖苦别人。这种人也经常能见到，表面上看起来很不经意，可能好像就是一个单纯的笑话。但是自己的不懈、轻蔑已经完全表达出来了。这类人的典型特征是嫉妒心强烈，而且心胸狭窄。如果你见到他们有落井下石的举动一点不用感到奇怪，这是他们经常干的事情，那种损人不利己的事情，他们干起来津津有味，乐此不疲，就连自己都弄不明白到底是为什么。一般来讲，他们很自卑，这可解释为他们会做出一些让人不理解的举动的根源。生活态度非常消极，凡事总是不能看到积极的一面，对于别人的成就基本上也是持否定态度，其实根本就不知道这个成就是什么东西，凡事都喜欢否定。对别人吹毛求疵，喜欢挑刺，而且对嘲讽别人有天生的爱好。不过他们内心其实从来都没有真正开心过。有的人不是用幽默来挖苦别人，而是用来讽刺、嘲笑别人，这种人一般自私自利，而且报复心强，也是见不得别人比自己优秀。

第三类，用幽默自我解嘲。这是非常需要勇气的一种行为，一般很少有人能做到对自己进行否定，而且这种方式也需要技巧。掌握不好，只有“嘲”没有“解”了。这类人一般心胸比较开阔，是那种典型的让人敬佩的类型。他们不但能够接受别人的批评，而且对这些批评能做到深刻的体会，并加以反省。如果是自己的问题，会想办法将那些已有的问题逐步改正。将别人善意的批评看作是一种改进的激励，而不是愤恨，愤怒。

第四类，喜欢用幽默的方式进行恶作剧。这种人典型的特征是开朗，外向。如果你身边有一个这样的朋友，那是一种福气，因为他就像是一个开心果一样，时刻给你带来积极正面的生活信号，而不是沉闷无语。这类人看上去面对什么事都很轻松，不大放在心里，事实上也活得很轻松，他们很热情，对待朋友真诚，性格随和，喜欢开玩笑。

第五类，有准备的幽默。就是准备一些很搞笑的段子来讲，而且这些段子很单一，在不同的场合反复地讲。这类人在生活里，其实根本就不是幽默的人，他们的生活态度很严肃，甚至多数情况下是个拘谨的人，很愿意也善于控制自己的感情。他们之所以喜欢讲那些段子，是因为他们太过在乎别人对自己的态度而已。

幽默感是一种天生的性情，而不是后天努力培养的一种习惯，如果你不是很有幽默感的人，没有一点必要去练习这种感觉。因为先天的有些东西是后天所没有办法弥补的，经过加工的性格不是自己的性格底色。

下意识的口头禅，被暴露的“心”世界

口头禅几乎每个人都会有，只是用到的地方不一样，用的对象可能也会有分别，这是一个人长久的习惯，是性格表现在语言上的一种本能流露。有时候我们的一些口头禅是自己知道的，比如说有些人喜欢用“真是的”；有的人喜欢说“可以，可以”；有的人呢则习惯于骂人，其实并不是骂人，而是一种长久的习惯使然。

不同的口头禅表达的意思不一样，表现的个人性格也不一样。每个人的性格差异很大，从男女的角度来讲，不少男性，尤其是年轻一点的，他们的口头禅有很大的一致性，而且多数人喜欢用骂人的方式作为自己的口头禅，这是一种社会现象，而不能具体到每一个人的头上。可能是社会风气，也可能是一个地方的习俗，这都有可能，也可能只是一阵风，过去了，就改变了，保存不了多长时间。这种普遍性的口头禅，尤其是社会色彩很浓重的，一般能体现

出一类人的性格，表现他们的心理状况。不过我们要研究的还是具体的、能体现个人色彩浓厚的口头禅。

有些人在讲话之前会很习惯地带上一句“所以说……”，这类人一般很喜欢将自己之前讲过的话做多次强调、重复，然后做一个结论性的陈述，这种人很自然地认为自己比别人有先见之明，能够比其他人看得更远、望得更高。因为一开始他们似乎就知道了事情发展的方向，弄明白了所有的事实。不过事情并不是像他们自己想象的那样，这只不过是一厢情愿而已。而且他们有个很明显的特点，在说话的时候，如果有人对之前的事情做出一个结论性的说明，他很快就会在旁边补上一句“我之前不是说过了吗”，然后再洋洋得意地补充一句“我早就知道事情会是这样的”完全不顾及别人的感受。

他们很少或者是几乎不会说“嗯”“是的”“你讲得对”“我跟你想的一样”等等，因为这样的话，就显示不出自己高人一等的感觉来。他们总是认为自己已经完全了解了事情的来龙去脉，事情发展的趋势和事情动向已经完全在他们的掌握之中，根本就不可能出现自己预料之外的情况。这类人最明显的特征就是喜欢邀功，认为所有的事情都是自己搞定的，也只有自己才能搞得定，别人都不行，傲慢无礼，目中无人。他们几乎会把所有的功劳都揽到自己身上，别人永远只能当自己的绿叶。

有些人则经常说“我妈说……”，这几个字在他们的字典里经常出现，而且使用频率非常高。比如大家都在一起讨论一个人，这时候轮到他发表意见，他可能会说：“我妈说这个人很可靠，也很老实”，他就是不说自己认为怎么样。很多事情，尤其是需要下结论的问题，或者是需要引用一些例证的问题，经常将妈妈的话挂在嘴边。这种人是典型的幼稚型，心智还没有成长起来，人还不够成熟，对于事情的判断力一直都停留在自己母亲的那些说教上，他们有很深的依赖感，这个依赖感不单单是对自己母亲的依赖，还有对身边朋友、熟人的依赖，他们没有完全成熟起来，思想还不独立，或者是根本还没有意识到自己需要独立。这类人的个人性格一般还没有完全建立起来，也就是说还没有形成个人独立的人格，可能经过几年，你再见到他，就会是另外一个人了。原因很简单，之前还是个孩子，现在成长为一个独立的成年人了。

有的人在谈话过程中频繁地用到"但是"这个词。这类人我们经常能见到，可能目前你身边就有一些这样的人，还不止一个。这是一个转折语气，你认为对方的话讲得不对，或者是你认为事情并不尽然如此，可能还会有些别的情况，这时候也会用到这个词汇。这个词语本身没有任何问题，就是转折连词。不过有些人却用得太频繁了，因为他不管是碰到什么类型的话题，不管别人讲的是什么内容，他都会用"但是"这个词作为自己的开场白。

不过，你要是仔细听听，就会发现很有意思了。按照我们正常的逻辑思维，"但是"后面的内容应该是否定之前的内容才对，也就是说对之前的内容表示不认同，或者是做相反情况的一种补充，他不是，他的"但是"后面的内容和别人讲的内容基本一致，或者是完全一致，只是换了一种说法。之所以有些人会有这样的情况出现，是因为他们自己不想扮演倾听者的角色，而要作为一个被别人瞩目的定位出现在大家的面前，他想让自己成为话题的核心，想让自己成为焦点。潜意识里，他们有攻击别人的想法，而用贬低别人的方式来抬高自己。

有的人喜欢贬低别人，有的人倾向于认可对方。他们在谈话中就经常说"嗯，你讲的是对的"或者是"对啊，就是这样"。这样的说辞一般很容让对方接受，因为是对他的讲话表示认可，进而也就是认可了这个人，所以在对方听起来就很顺耳，很舒服受用。

这类人有一个比较典型的特征——人缘好。他们不会强迫任何人认可自己的观点看法，也不会将自己的任何一件事强加给任何人，他们能通过将心比心，体会别人内心的感受。所以他们不是那种很要强的人，也不是自我意识很强烈的类型，个性随和，所以朋友多，也就难怪了。

2 什么样的人说什么样的话

正所谓："什么样的人说什么样的话。"说话的内容是对方与你交谈的目的和具体形式，也是双方谈话过程中借以影响对方的重要因素，所以，我们平时谈话，一定要注意分析他人说话的内容。

听称呼，界定心理距离

称呼是人和人之间进行交流的一种符号性桥梁，同时也是一种标签，贴上不同的标签，每个不同的人之间就会有不同的关系界定。父亲叫自己的儿子就是"儿子"，这不单是对晚辈的一种叫法，同时也是一种比较亲昵的称呼表达；有的子女叫自己的母亲妈妈，有的则叫做老妈；在两口子之间，称呼的复杂性就更多，丈夫称呼自己的妻子可以是老婆，也可以是"家里那口子"，还可以是"孩子他妈"，再有"太太"，古人还有更加正式的叫法"夫人"。不同的称呼表达了不同的含义，虽然表面意思看起来是一样的。

我们将称呼进行界定，目的是从这个称呼上划出两者之间的心理距离，从而能认定亲疏程度。比如说妻子叫自己丈夫也有很多种不同的叫法，在外面和别人聊天的时候，可能是"我们家那口子"这是很随便的叫法，一般在非正式场合都可以这么说，尤其是在熟人但不是亲人面前都是没有问题的，当然，一般的亲人面前也能这样讲，但很少。这种说法没有太多的含义，就是一种很直接的叫法，两人的关系没有十分亲密的表现，但也不赖；在稍微正规一点的场合，可能会说那个是“我丈夫”，这就是简单的一种指代，是对两人关系的一种说明，一种很直白的陈述语句，没有什么感情色彩在里面，从这句话我们不能猜测两人的关系到底如何；有些时候，用到的可能是“孩子他爸”，这就是很亲昵的一种叫法，是两个人之间的一种默契，也是对对方的一种特殊称呼，从这个叫法中，我们就能很明显地感觉到两个人的关系是不错的，肯定不是在冷战；有些时候可能就会直呼其名，“×××，你死到哪里去了”，这种叫法就略带怒意，有点不太高兴了，如果处理不好，后面是不是会爆发“战争”都很难说。

在日常生活中，人跟人之间理论上来讲都是存在称呼的，极个别的时候，我们可能会用到“唉，我说……”或者是“喂……”，人和人之间的关系很复杂，很难在很短的篇幅里做出很明确的分类，但是我们还是可以将一些常见的分类归纳一下，从这些例子来

看看称呼和关系之间的关系，以及心理距离的问题。

第一种是上下级之间的关系。比如说我们称呼对方为×××先生，或者是“×××科长”“×××部长”一类，这是对官员官衔的一种称呼，就是一种很简单的陈述，有尊敬的意思在里面，不过这个已经可以淡化不提，基本就是因了一种规则，那么叫就对了。如果是领导和下属一起去外边玩，或者是一起出去吃饭，喝酒，这就是比较轻松自在的场合，但是对领导的称呼一般没有人会想着改一下，领导一般会直接叫下属的名字，或者是干脆就是“你”，简单明了。同事之间或者是级别相同的情况下大家互相称先生，以示尊敬。这种叫法，不管是上下级之间，还是同级别的同事之间，心理距离是很明显的。

第二种是称呼外号，或者是叫“小张”“小李”“小王”等等。这种叫法一般表示很亲密、关系不一般。男性叫比较自己小的女性为“小×”这是很常见的事情，在姓名前面加上一个“小”字是一种普遍现象，但如果一个女性称呼一个男性为“小×”，那么这个关系很可能就不一般了。

第三种关系是存在于男女恋人关系中的直呼其名。一般来讲，女性如果和男性的关系没有达到一定程度的时候，会叫“×××先生”，但是一旦关系非常亲密以后，尤其是两者确立了恋爱关系，并发生了性行为，那么女性一般都会改口，直呼其名，这是亲密的一种表现。男性如果改口称呼女性的名字，一方面有亲密的表现，另一方面从男性的角度来讲，有把女性一方当作是“自己的人”的感觉。

第四种，“您”或“你”。对于您这个字眼，一般是在初次见面，或者是见面次数不是很多的情况下才会用到，这是很典型的社交礼仪用语，表示对对方的尊重，也是维护自身形象的一个语言表现。当然，在某些地区，如北京，即使是老街坊之间，也习惯称呼“您”。这个“您”字，俨然已经变成血液里的东西了，这里也就毫无疏远之意了。

第五种，也是很有意思的一种称呼，这个称呼也是出现在夫妻关系中。一般有些老年男性，而且相对比较害羞的男性会喊自己的妻子“那个”，这个意思类似于“那谁”，这是很私人的一种称呼，只是在两人之间使用。

我们讲的这些称呼，只是平时称呼中的很少的一部分，更多的部分表达意思的实质是一样的，不同的称呼，有不同的含义，不同的用处。如果我们知道这些，可以尝试着改变之前的一些称呼，改为比较亲昵的称呼，这种改法可能会对促进彼此的距离有作用。

听话题，判断心理特色

每个人在与他人交谈的过程中，都会呈现出五花八门的样式。不同的谈话内容，往往会泄露出每个人不同的个性、偏好，以及心理特色。

喜欢对他人评头品足

在交谈中，经常对他人评头品足的人，通常嫉妒心重，心胸比较狭窄，人缘不好，内心孤独。跟这样的人打交道，要善于以一颗宽厚的心包容他们，尤其不能与他们斤斤计较，否则会把局面搞砸。

说话暧昧

这种人说话不明朗，一句话既可做出这样的解释，又可做出那样的解释，给人含糊其词的感觉。显然，他们奉行处世圆滑的哲学，对外界的警惕心很高，懂得如何保护自己和如何利用别人，从不肯吃亏。面对这样的人，我们要多点心眼儿，掌握机变的处世之道。有时候，也可以以静制动，让他们自己露出破绽，从而找到进攻的机会。

先话家常

交谈时，对方先是与你谈一些家常话，这表示他想了解你的实力，侦察你的本意，试探你的态度，然后准备转入正题。这种人是很有心机的谈话对手，我们可以利用他们套近乎的心理，建立对话机制，找到对方真正的用意。

避开某个话题

谈论到某个话题的时候，如果对方突然冒出另一个话题，这种突然的变化让人感觉诧异。其实，对方变幻话题，可能是他对原来的话题心存芥蒂，不愿意跟你谈论；或者他在谈论中说错了话，怕接下来不好收场；又或者是他在逃避什么东西，等等。当对方转换话题以后，你可以试着探探对方的口风，如果他拒绝再谈，或者有生气的意思，那么我们就要适可而止。但是，事后你要仔细分析其中缘由，争取从中发现有价值的信息。

论断别人

有些人经常对某个人做出评价，或者对某件事发表自己的看法。而且，他们的论断往往很有道理，甚至让你眼前一亮。这说明，这个人是一个有见地的人，能够对人和事保持自己的看法。需要注意的是，我们不能过于听信他人的这种论断，而要善于分析其中的玄机，不能因此影响自己对人、事的判断。

恶意责备别人

这类人常爱抓住别人的毛病小题大做，横加指责，对他人尖酸刻薄，自尊心较强，具有支配他人的愿望。这种人有个性，比较顽固，不容易改变自己的观点。因此，在交谈中切不可采取强硬的姿态。最佳的策略是以柔克刚，通过间接、柔性的手段进入他们的内心，避免碰钉子。

见风使舵

有些人没有主见，总是变来变去。有时候，别人开出了有诱惑力的条件，他们马上会改变原来的计划，重新订标准。即使你跟他是老关系了，他也会毫不留情地撕毁你们之间的某种约定，只为了那一点蝇头小利。面对这种人，你要善于用利益诱惑他，达到自己的目的。

爱发牢骚

爱发牢骚是一种不能言传的骄傲和自大。发牢骚的人大多自视清高，当现实中无法保持他们这种优越地位时，就借发牢骚来宣泄。这种人陷于别动局面时，总是唠叨不停，表明自己多么无辜，好像吃了很大亏。其实，你大可不必把他们的话放在心上，只需要按照原计划行动即可。有时候，你也可以安慰他们一下，来拉近彼此的距离。

好用传统的东西作为评价标准

这种人不管什么新事物一出现，都好用传统的东西作为评价标准。这类人大多数是经验主义者，其思想保守、僵化，也表明了其顽固不化的心理。与这种人打交道，一定要按照既定的套路行事，别做出新的举动。另外，你有新想法时，一定要事先跟他沟通好，否则他会跟你对着干。

隔着屏幕读出微表情

随着网络技术和计算机技术的发达，网络早已经步入寻常百姓家。尤其是年轻人，不单单每天花不少时间在电脑旁，即便是不在电脑旁边，也要用手机登录自己的即时聊天工具，和自己的网友聊天。

但是网络毕竟是一种虚拟的环境，它和真实世界是有距离的，我们很难知道和自己聊得火热的那个人到底是男还是女，即便是能视频看见对方，谁都不能保证，不是他/她找来的另一个人。现实世界里，我们可以通过察言观色对一个人进行起码的了解，网络世界里，这些就做不到了。不过，这也并不意味着就没有办法对对方有一个大致的了解与掌握。既然是聊天，就会有文字，那么我们就可以从这个角度切入，不管是文字、标点符号、特殊呼号，还是其他的一些表情，都会或多或少地透露对方的一些性格信息。

首先是聊天过程中的语气辨别。网络聊天一般谁都不会花很长时间去打字，多数都是一些很简短的语言，语气就显得很重要。

一个字“哈”，简短，干脆。使用这种语气的人一般比较聪明，但是人可能是比较冷漠的一类。这个“哈”表达的是一个中性的意思，既没有赞扬的意思，也没有贬斥的意思，中立。

两个字“哈哈”，使用这种语气的人一般比较豪爽，为人开朗，心胸开阔，乐观。当然这种语气也可能是出现在恶作剧得逞之后的得意笑。

喜欢用“嘻嘻”这种语气的人，一般比较活泼，多见于女孩子，男性基本没有，有点古灵精怪的意味，平时有喜欢捉弄人的倾向。

除了语气词，接下来就是说话内容。内容自然是很简单的事情，因为既然讲的东西都在那儿摆着，认识字就能知道意思。其实未必。

举个例子来讲。两个人刚刚认识就开始使用“我爱你”字样的人，一般会有两个可能，一个是年龄很小，另一个是个人生活极度空虚无聊。双方认识了很长时间，而且对彼此的情况都有了非常深入的了解，甚至都知道了对方老家的门朝那边开的时候，这时再说出“我爱你”这三个字，这种人一般比较能克制自己，理性强于感性，对待人和事都能很好地把握分寸，掌握尺度。

异性之间，不管是彼此之间聊到什么程度，从来不说“我爱你”这三个字的人一般城府很深，他们很清醒地认识到虚拟的网络世界和现实世界的关系。这类人年龄一般都不小了，成熟理智型是对他们最好的定性。

在聊天的过程中，如果经常使用逗点，这类人一般性子比较急躁，性情刚烈，也有耿直的倾向。如果是个女孩子，那么她可能很率真，无邪。但是有男孩子气，浑身上下都有男孩子的气息。聊天的时候，总是喜欢使用一些特殊符号来装饰自己的，这种人一般内心很浪漫，也很渴望浪漫，很讲究情调，一般年龄不大，二十出头的样子，这种情况女孩子要多于男孩子。有的人在聊天的时候基本上不用标点符号，这是比较不常见的一种类型，多数都用，但是用得不多，基本都是逗号。但是全部不用的人就很少，这样的人一般都非常有心计，善于算计，不过多数情况下是耍小聪明，做事也很鲁莽，不懂得为人为己留下余地。他们的性格里面分裂的成分也很多，很难一下子将他们的性格讲清楚，因为即便是他们自己，有时候可能对自己都会感到很迷惘。

从聊天的话题也可以看出一些对方的端倪来。比如说如果聊到明星，喜欢张学友、刘德华一类的人一般很注重实际；喜欢张爱玲、张曼玉这些人，而且时不时地将她们挂在嘴边的人，一般多数属于小资一派；喜欢披头士的人一般是那种标新立异派；喜欢欧洲古典音乐，对于美国的金属乐表示反感的多数学历比较高，受过良好的高等教育，这些人的收入一般不低，自认为品位高，所以就难免曲高和寡。

在打字速度的问题上也能看出一个人的一些性格特征。打字速度很快，但是错别字很多的人，一般是年轻人，毛毛躁躁的，没有个安稳劲儿，他们的表现欲望很强烈；如果你知道某个人的打字速度很快，一直都很快，但是却突然慢下来了，你能感觉到是在敷衍。这说明他要么是在和别的人聊天，要么是在打游戏，要么就是在看电视，就是没有专心和你聊天，也就是说，他对你的关注度下降了；打字速度不快，但是每句话都有点道理的人，一般比较稳重，是那种成熟类型的，个人修养不错。

虽然在网上我们不能面对面地看见一个人，也不能直观地看到这个人的微表情，但是我们仍然可以通过微表情的其他表现形式来对这个人的性格进行大致地摸底，一般能得到真实资料，就能知道个大概，从而有比较明确的方向。

3 从声音探知对方的内心世界

仔细聆听，自然界中存在各种声音：惊雷隆隆、溪水潺潺、鸟鸣啾啾，虫叫唧唧、马嘶萧萧……这些声音同人类说话的声音一样，都有不同的音调、音高、音长和音色。只不过，前者是自然物发出的声音，而后者则是人类独一无二的发音器官为表达一定的思想感情而发出的语言。由语音的强弱、高低、快慢、长短、轻重、续顿等要素构成的语调直接影响着说话人的表情达意和听话人的接收，有时语调的运用甚至会使语言产生一种超出本身含义的艺术效果。

例如在欧洲影视界，就传闻有这么一件趣事。一对新婚的演员夫妇应邀参加一个国际性派对，有人提议新娘即席表演，新娘不善歌舞，只得以仅有她先生一个人能听懂的一种土语，念了段台词。仅仅五分多钟，她那悲切的音调、哀怨的表情，赢得了在座人士大把的眼泪。只有她的丈夫，在她台词念完后却仰笑不止。原来她念的内容正是当时桌上放的一份菜单。

可见，不靠内容，只靠声音我们就完全可以表现出人的喜、怒、哀、乐等一切感情。

具体来说，我们可以在这些方面多加留心，就有机会从一个人的声音中探知他的内心世界。

说话方式

一个人说话的快慢、多少取决于他（她）的气质或性格，如果某一时刻，他（她）的说话方式突然异于平日，我们就应该多加观察了，以探知他们心里的秘密。一般说来，假如某人对他人心怀不满，或者持有敌意，他们的说话速度就会变得很迟缓，而且给人木讷的感觉；假如某人有愧于心，或者刻意欺瞒，其说话的速度则会不经意加快，这是人之常情。一位评论家就曾说过这样一句话：“假如男人带着浮躁的心理回到家里，大多都会在妻子面前滔滔不绝地说个不停。”

说话音调

在与人交谈时，如果一个人心怀浮躁，他的音调就会突然高扬起来；当双方意见相左时，如果一个人提高说话的音调，则表明他想压倒对方。日本作曲家神津善行氏就曾说过：“反驳对方的意见时，一般人都会用激扬的音调表现出来，这是最简单的方法，表示他想压倒对方。”而那些心怀企图的人，他们说话时往往会有意地抑扬顿挫，营造一种与众不同的感觉，以吸引别人的注意力，满足自我显示欲。

说话节奏

有的人始终有说不完的话题，就算想要告一段落，也需要花相当长的时间。其实，在说话者的内心里，通常潜伏着一种唯恐话题即将说完的恐惧与不安，所以他才展现出想要说个没完的高压态度或欲望；相反，有的人却想尽早道出最后结论来，这说明他很怕被人提出反驳意见，这类人似乎有一种错觉，以为不快点提出结论的话情况会更糟。有些人喜欢以某种暧昧不明的语气结束讲话，事实上，在一般的语言构造中，句尾都应该道出结论来，如果带有含糊不清的意思，很容易给人不明所以、莫名其妙的感觉。凡是喜欢采用这种说话方式的人，大多是有意逃避自己的言论责任。此外，有的人喜欢说“这只是我个人的想法罢了”，或者说“真是一言难尽”，其实，他们跟上述的人怀有同样的心理。那些情绪不稳定的神经质的人，也喜欢套用这一类的限定句子。

措辞习惯

习惯使用第一人称单数的人，其独立性和自主性通常比较强；而喜欢用复数的人，则多为缺乏个性、被集体埋没、随声附和型的人。人们总觉得是在用自己的话说话、写文章，其实都是无意中在借用别人的话，只要反过来探寻这一点，就可以窥见其人的内心深处。常使用难懂的词的人和时而夹杂一些外语的人多半令人感到困惑，实际上，这类人要么是为了炫耀，要么是想掩饰自己内心的弱点。

4 话语的含蓄美——听出他人的弦外之音

中国自古以来推崇含蓄美，不喜欢过分直白。这也算是中国特有的审美情结。并且，它不仅仅表现在诗词歌赋、绘画作品中，其实，在说话办事的时候，我们也喜欢含蓄。如果听不出他人的弦外之音，不明白别人的真实意图，往往就会引起诸多误会，造成许多不必要的麻烦。

比如，一位部下私下里向领导诉说自己的工作量重，而领导误以为他是在抱怨工作辛苦，因此只是说了一些要吃苦耐劳、无私奉献的官方话语，结果那名部下愤然离开。其实，他之所以说自己的工作辛苦，只是想得到老板的肯定而已，并没有抱怨的意思。如果这位老板能听出部下的言外之意，夸奖、安慰一下对方，这位部下一定会满心欢喜地认真工作。

因此，在与他人沟通的过程中，我们不仅仅要听他说的话，还要去听他没有说出的话。只有善于倾听弦外之音，才能不被表象迷惑，才能了解一个人真正的内心。

就其方法而言，你可以在以下几方面多多留心：

话题

话题，是最能体现说话人思想的地方，尤其是一些比较敏感的话题，往往会言有深意。比如，当一个人突然问及你的经济状况，那么你再回答的时候就要注意了，因为他可能的弦外之音是：“你有余钱可借吗？”再比如，当父母问起你的朋友状况时，可能的弦外之音往往是：“你已经有合适的男（女）朋友了吗？”还有，领导们是最喜欢用暗语的一类人了，很多时候他们都不会把所有的事情说透说破，可能只是试探性地询问，或者巧妙暗示，如果下属能及时地接收到领导的暗示信息，并能做出反应，往往会增加与领导交流的默契，促进与领导的沟通。

语调

中国有句谚语：“一句话可以把人讲笑起来，一句话也可以把人讲跳起来。”同样的一句话，如果我们尝试着用不同的音调说出来，就会产生截然不同的效果。例如：“这是你的？”这简单的一句话，如果用不同的语调来说，所表达的意义就不一样。

高兴的语调——“这是你的？”（不错嘛！）

激动的语调——“这是你的？”（太好了！）

惊讶的语调——“这是你的？”（真没想到！）

新奇的语调——“这是你的？”（太有趣了！）

怀疑的语调——“这是你的？”（可能吗？）

惋惜的语调——“这是你的？”（真可惜！）

悔恨的语调——“这是你的？”（糟透了！）

遗憾的语调——“这是你的？”（怎么不是我的！）

恐惧的语调——“这是你的？”（太可怕了！）

愤怒的语调——“这是你的？”（真不像话！）

悲哀的语调——“这是你的？”（多可怜啊！）

冷漠的语调——“这是你的？”（关我什么事。）

轻蔑的语调——“这是你的？”（算个啥？）

平静的语调——“这是你的？”（没什么。）

所以，在听他人讲话时一定要仔细聆听，细心揣摩，才能听出对方的真实想法。

习惯

一个人内心深处的想法，往往会在说话的时候不知不觉地反映出来。他本人可能没有直接告诉你，但是你却可以把它“听”出来。如果他经常向你提起他的某项成就，很可能就是在向你炫耀，这时，你可以大方地表示赞美，让他觉得有成就感；如果他经常向你诉说家庭的苦恼，很可能是在无形中把你当成倾诉的对象，这时，你可以根据事情的大小给他安慰和劝解；如果他经常使用第一人称单数，那么他的独立心和自主性可能很强，你在说话时要注意维持他的自尊心；如果他经常说“我们”，他可能缺乏个性，喜欢随声附和，那么你在与他相处时要有主见。

暗示

有些话是不好说得很直白的，比如指责、拒绝等，那么，当他人向你传递出这一类强烈的暗示信息时，你一定要能捕捉到，否则，继续下去只会是往“枪口”上碰了。

比如，在措辞上，你听到对方多用“但是”（隐藏一点对抗的意味）、“反正”（含有自暴自弃的意味）、“那个”“那件事”“你看”（有似是而非的意味）、“也许是吧”“可能吧”“就是这样”“以后再说吧”（有不想详细讨论之意）等没有特定意义的词语，或者用“……吗”“……就是啊”等结尾语（有消极的意味）。这些话就暗示了：他对我们的话没有很大的兴趣，不打算积极地回应。这时，我们就没有必要继续谈下去或提出要求了。

当然，也不要走入另一个极端——把对方的无心之言也听出了弦外之意。这种“言者无心、听者有意”的现象同样不利于双方的沟通。

想了解一个人，就跟他一起吃饭吧

1 “吃货”心理学

提到吃，我们中国可以说是名副其实的饮食大国。但你知道吗？吃，既是人的一种本能，同时也是一种社会行为，它隐含着个体在社会中生存的态度和方式。

你的口味决定了你的性格

想一想，你是不是对某种事物情有独钟？这固然与五脏的状况有一定的关系，但从心理学的角度来说，人的性格与食物口味也是有着密切联系的，这个结论还得到了美国行为心理学家的佐证。

爱吃大米的人，性格稳重谨慎，喜怒不形于色。他们往往精打细算，有较强的忍耐力，善于自得其乐，很少自寻烦恼，待人处事比较圆滑，不喜欢帮助别人。

爱吃面食的人，性格热情爽朗、心直口快，喜欢夸夸其谈，情绪不稳，容易冲动，做事不计后果，遇到挫折容易失去信心。

爱吃油炸食品的人，性格热情，喜欢冒险，总想干一番事业，可是一碰到挫折就灰心丧气。

爱吃辛辣食物的人，往往性格上也比较泼辣。善于思考，有主见，吃软不吃硬，有时爱挑剔别人身上的小毛病。

爱吃清淡食品的人，合群，注重交际和接近他人，希望广交朋友，不愿单枪匹马地冒险。

爱吃甜食的人，性格往往比较温和。大多热情开朗，平易近人，但平时懦弱，缺乏冒险精神。

爱吃酸的人，有事业心，但性格孤僻，不善交际，遇事爱钻牛角尖，朋友不多，知心朋友更是寥寥无几。

爱吃咸味食品，如咸肉、咸蛋等的人，待人接物稳重，讲究礼节，做事有计划，埋头苦干，但比较轻视人与人之间的感情，有点虚伪。

另外，随着全球化的发展，饮食也呈现出了世界性的特色。

爱吃法国菜的人，大抵不会是追求简约风格的人，因为法国菜常被人们称为法国大餐，从厨房的环境到配菜、上菜，都有很多的讲究，需要费尽心思，热衷于细致和讲究的人才会对它情有独钟。

爱吃意大利菜的人，通常喜欢和亲朋好友在一起，而且会觉得乐趣无穷。他们按自己的喜好去安排生活，家中那些亲手自制的东西令他们回味无穷，产生强烈的亲切感。他们热情四射，而且魅力无限，浑身洋溢着美妙的温馨。

爱吃日本菜的人，不仅会在食物上很挑剔，而且会将这个标准运用到人际交往过程当中，他们不会和那些留着怪异发型、戴着饰物的人交往，更不会和化妆奇特的人走在一起。面对意外，他们会像吃日本菜似的脱掉鞋子坐在地板上冥思苦想。

爱吃英国菜的人，不喜欢感官刺激，而且江山易改，本性难移。他们虔诚，有着一份惊人的毅力和勇气，常常是不达目的誓不罢休，任何艰苦都吓不倒他们。

爱吃美国菜的人通常多疑，对陌生的人和事物常常无法放心和信任，所以一般不熟悉的菜肴不会去点，而且只要是美国制造的食品，他们都会认为其中必定添加了调味剂。他们直爽，很有原则，认为自己是正确的时候通常会坚持到底，说话办事总喜欢表达出自己的喜好，所以有时难免得罪人。

从选餐桌的位置窥得性格倾向

走进一家还没有客人的餐厅，不同的人会选择不同位置的餐桌。看看同行人选择的位子，就可以从中窥得他的性格倾向。

选择中央位子的人：

好胜心强，非常有自信，希望成为众人的焦点。他们总认为自己是最优秀的一员，但实际上并不一定如此，因而容易引起别人不服气。他们将餐厅看作是表演舞台，自己则坐在舞台中央，受台下观众瞩目。

坐这个位子的人富冒险精神，喜欢和人一较长短。凡事坚持自己意见，即使这些意见不如别人，他们也不愿屈从指挥。由于处处表现骄傲、出风头、想要控制别人的意图，所以知己朋友并不多。

选择靠窗位子的人：

他们外表平和，内心却十分刚强。个性明朗，崇尚健康、光明、自由的生活。他们通常比一般人更富于理智，处理事情有弹性，待人和蔼亲切。在自己尚未准备妥当之前，绝对不让自己暴露在众人面前，珍视每一分钱财，懂得规划，能够按部就班迈向成功。

选择墙角位子的人：

喜欢站在局外人的角度，观察各个角色在人生舞台上的演出。即使躲在角落也尽量压低自己的姿态，不喜欢引人注意。走路的时候，习惯走在队后面，要他们走在人前会感觉浑身不自在。属于情感丰富，较为敏感的类型。稍微的不如意就会让他们感到无比的沮丧和低潮。对爱情的感应敏锐、细致。

选择门口附近的位子：

热情、急切，神经总是紧紧地绷着，是典型的急性子。动作、姿态与生活步调都很快，做起事来孜孜不倦，拥有不停上进、不断追求的活力。意志坚定，凡事不屈不挠。缺点是固执己见、有刚愎自用的倾向。

点菜，是对一个人情商的大考验

有人说，在中国，聚餐吃的不是饭，而是人。这话一点不假，因为通过公司聚会或者朋友相约去饭店吃饭的点餐行为，我们就可以较清楚地了解一个人的情商。

从点菜意愿上看

点菜的学问，从愿不愿意点菜就开始了。有的人，出门聚餐从来不参与点菜。这样的人表面看是随和，但时间久了，难免给人留下一种模糊、没立场、甚至是不愿敞开心扉的感觉。

在适当场合，积极参与点菜，不仅能为同伴省去一些烦恼，也是一个人有主见、有担当的体现。没有人会拒绝一个热情服务的人。

从先后顺序上看

一般来讲，无论是与公司同事，还是与朋友一起，先点菜的多是公司领导或朋友中较有权威的人物。他们的权威性在此时是一个最佳的表现机会，如果他们不点菜，可能没有人会主动先点菜。而且，他们的带头作用不仅体现在点菜上，在工作与生活上遇到问题时，他们的领导能力也会彰显出来。

一般最后点菜的人，多为担心被同伴抛弃，缺乏自信的人。他们不敢先于别人点，而又不敢不点，于是到了最后，他们只能是附和着大众，不得不点菜。这样他才能保持在团体中的一席之地。

从点餐速度上看

先将自己喜欢吃的东西说出来，然后等着主人做决定，这类人通常为人友善、性格乐观开朗，懂得照顾他人的感受。如果是直接先点自己爱吃的菜，这种人往往个性直爽、做事果断、完全不拘小节，是享受型的人。

点餐时会先请店员说明菜的情况然后再点菜，这种人自尊心强，做事积极，不喜别人的指挥，在做任何事之前，总是坚持自己的主张，在待人方面，重视双方的面子。

点菜时犹豫不决，慢吞吞的人也不在少数，这种人做事一丝不苟，能够积极听取别人的意见，但有时显得缺乏主见。

从菜品搭配上看

点菜讲究搭配的人，不管是凉菜、热菜、荤菜、素菜，还是大菜、小菜……如果都能搭配好，代表这个人有大局观，做事儿踏实，让人放心。

如果这个也点，那个也点，不管吃不吃得了，都会乱点一大堆，这样的人，往往个性比较浮躁，不能安心做事，他们比较孩子气，想法和需求非得直接表达出来才甘心，这类型的人做事时总是盲目乐观，对失败的可能性缺乏慎重考虑，另外他们的随机应变能力也不是很好，常常在突如其来的困难面前慌了手脚。

从菜品选择上看

会按他人喜好或者会征求他人意见点菜的人，往往意味着他可能是个懂得体贴的人。可以想象一下，你和几个朋友外出点菜，其中有个朋友，一边点菜，一边说“这道菜A君喜欢，点上；这道菜B姐喜欢，也点上……”有这样的朋友是不是让人很开心？

只点自己喜欢的菜，点完也不问问别人的意见，就让服务员“快点上菜”，这样的人往往在其他方面也会表现得自私自利，不值得深交。

按自己的想法把菜点好，然后视周围其他人的选择而对自己的菜加以变动，这类人个性小心谨慎，凡事会想清楚才做，而且较为灵活懂得变通，有自己的主见之余，也会体会对方的立场，希望彼此可以达成共识。缺点是做事畏首畏尾，给人的总体印象是非常软弱的，遇上挫折时容易气馁。而且眼界不够开阔，缺乏高屋建瓴的眼光和掌握全局的意识。

见别人点什么，也跟着点什么的人，多是顺从型的人，也就是我们常说的好好先生，他们为人谨慎持重，但过于小心翼翼使他们常常忽视了自我的存在，当与别人意见相左时会立刻顺从别人，迁就别人，所以会对你千依百顺，这类人的缺点是欠缺个性和主见，对自己没什么信心，容易受人影响。

先看价格，然后迅速做出决定的人可以说是合理型的；而不管价格如何，只选择自己想吃的东西的人是享受型；比较价格和内容后才决定的人，通常比较吝啬，常为蝇头小利而斤斤计较。

吃相是最好的性格说明书

心理学家研究发现，一个人的吃相和这个人的性格有很紧密的联系。因为不管是什么类型的人，吃饭是一定会做的事，而在吃饭的过程中，人都处于很放松的状态中，这时候体现出来的就是比较内在的性格讯息，而不是经过“化妆”之后的结果。这就为我们研究人类的微表情提供了一个相对崭新的思路和方向。

风卷残云型

好像是有人和他抢着吃一样，很快就能将一大碗饭吃个精光，可能你才吃到一半的时候，他都已经点上了一根烟，慢条斯理地看着你了。这类吃相一般在男性的身上比较常见，女性基本不会出现。他们吃饭的速度之快，让人咋舌，就好像是几天没有吃东西了一样，其实如果你经常和他在一起就会发现，几乎每顿饭都是这样。这时你不要责怪这个人没有礼貌，其实是因为他平时不拘小节的原因，这样的人很豪爽，有时候会有豪气干云的感觉，就像是武侠小说里的大侠一样，是很值得交往的朋友，对人热心肠，能帮的忙一定不会含糊。精力旺盛是他们最好的写照，好像浑身有使不完的劲儿。说话办事干脆利落，有强烈的进取心，但输在了太过急躁上，且争强好胜，这一点为他带来了不小的负面评价，如果吃亏，多数情况下是因为这个问题。

浅尝辄止型

和第一种恰好相反。每样东西都吃一点，但都是浅尝辄止，并不多吃，因为食量很小，每一种都尝尝，但都吃不多。这种人性格里面保守的成分较多，非常谨慎，对于没有把握的事情，即便是再好的机会也愿意再等等看，而不是立即抓住，因此就会有错失良机的时候，不过很少犯错。在做事方面，他们是守城的高手，但是对于开拓而言，就毫无建树了。比如说他知道去某个地方有一条路，以后经常走这条路，有一天有人告诉他，他走的那条路其实是条弯路，有更为直接，更近的路。这时一般人多半会选择试试看，但是他不会，因为那条路他从来没有走过，有潜在的心理冒险成分，所以就不愿意尝试。一切新的东西对他而言，都只限于听听而已，并不会付诸行动。

细嚼慢咽型

这种人吃饭的时候，总是细嚼慢咽，速度非常慢，好像是将吃饭当成了艺术创作一样。说他们在吃饭，倒不如说他们是在思考重大的人生课题。这种人典型的性格特征是爱动脑子，喜欢要小心眼，和别人比心计是他们人生的一大乐趣，对于自己的利益，锱铢必较。所以朋友很少，但有异性缘，异性的朋友不在少数。这种人的最大长处就在于凡事考虑得比较深入，很细致，不会犯一些低级错误。所以，如果将这种性格的人放对地方，将会取得良好的效果，比如说做会计，就是不错的选择。这是一个需要耐心、细心以及周详思虑的工作，他们来做再合适不过了。

还有的人喜欢将食物分割成若干小块，然后一点一点慢慢地吃，他们多是比较传统和保守的，为人处世都比较小心和谨慎，不会轻易地得罪人，在很多时候都充当好好先生，保持中立。这一类型的人由于缺少冒险精神，所以在事业上所取得的成就不是很大。

他们在很多时候比较机智和圆滑，有自己的主张，不会轻易地接受他人的建议，但又不会表现得太过于明显。

暴饮暴食型

这类人一般比较胖。只要是能吃的东西，来者不拒，别人很难理解为什么他那么爱吃。和这种人在一起吃饭，他们往往是第一个动筷子，最后一个下桌子。对于饮食从来不加节制，也节制不了，所以很胖就不足为奇了。所以和他们在一起吃饭的时候，你可能会有一种被冷落的感觉，好像他光顾着吃，把你搁在一边了，对于你的感受毫不在意。不过这并不是他们内心的真实想法，不是他们没有照顾到你的感受，而是面对食物的时候，他们总是这样。这种人是典型的直肠子，很少拐弯抹角，尤其对自己的朋友更是这样，该哭的时候就哭，该笑的时候就放生大笑。

声音不断型

吃饭时声音不断的人不但会遭到其他人的白眼，还将他们由来已久的孤僻性格暴露出来。他们不善与人为伴，喜欢独来独往，独自享受和承受痛苦；他们不会看坐在餐桌旁边的人，也不会在乎他们是喜是忧，所以在困难的时候别人也总是袖手旁观。

如果是边吃饭边唠叨的人，则常常因为和别人交谈来不及将食物吞下，而将口中的食物喷到对方身上。他们性子急躁，在处理事情的时候勇往直前。

边做事边吃型

有的人喜欢边看书边吃饭，这种人心里有许多的梦想和计划，而他们需要利用每一个空余的时间去思考这一切。他们做事符合经济效益，经常为了节省时间和精力，而同时做两三件事；

有的人喜欢在走路的途中抓着一个热狗和一杯汽水，最后再吃一根巧克力棒当作甜点。虽然他们让旁人觉得很忙碌，来去匆匆，事实上，他们毫无规律，决定仅凭一时冲动，结果经常和自己的兴趣相悖。由于他们不善于分配自己的时间，因而替自己找了许多不必要的工作和许多消化不良的机会。

还有的人喜欢在烹调的同时就照顾好自己的胃了，他们边做边吃，饭做好的时候，也就吃饱了。这种人在日常生活中，富有牺牲精神，他们有一副热心肠，常常会为了别人的利益放弃自己的利益，因而他们的口碑一向不错。

总之，一个人的吃相会通过微表情中体现得淋漓尽致，看似日常中一个最为简单的行为动作，而其中却蕴藏着鲜为人知的“秘密”。不要“浪费”吃饭的时间，看看对方的吃相，你会对对方有一个更深入的了解。

由就餐习惯探知内心秘密

就餐习惯比其他习惯更容易泄露一个人内心的秘密，因为就餐习惯绝大部分是无意识的，是早在童年时代就已经形成的心态。根据就餐习惯很容易辨别植根于一个人内心的秘密。

时间上：

定时就餐的人。从生理学的角度来说，定时就餐比无规律地就餐更有利于保健身体。定时就餐的人在生活中较为有规律，常常在固定的时间就餐，而且将其他的时间安排得好好的。他们选择就餐的时间通常是他们心情好的时候，而在固定时间就餐同样也可以给他们带来好的心情。他们就是这样调节自己心情的，他们通常都有很出色的自我调控能力。

吃完就走的人。吃完就走，不注意善后的人大多自私自利，只顾自己的感受和想法；不知回报，只讲索取，带给别人的通常是失望，结果在关键的时候往往是孤军奋战，胜利也和他们距离得很远。

地点上：

喜欢在餐厅吃的人。对他们而言，服务比食物重要，因为他们喜欢有人侍候他们。如果别人先问他们，他们会很乐意地告诉别人自己心中真正的欲望。一旦说出了心中的需求，他们便希望别人能够依照他们所说的实现。经常在外吃饭，可能表示他们实在不善于照顾自己，而且他们可能是确定有所收获才愿意付出的人。

喜欢在家里吃的人。他们只愿意对自己负责，如果别人侍候他们或刻意迎合他们，他们便觉得浑身不自在。对他们而言，适应新环境是种沉重的负担，因此，他们选择在熟悉的环境中放松自己。

偶尔去餐厅，总喜欢将剩菜带回家。这类人知道如何善用每一块钱。他们从小一直被灌输“不浪费，不匮乏”的信条，认为只要将剩饭菜带回家，就是不浪费，不吃亏。其实，这类人缺乏安全感，觉得自己不断受剥削，即使事实上他们并未受到他人的剥削。

喜好上：

乱加调味品的人。有的人在面对别人奉献的佳肴时，不是先尝一口，而是按照经验乱加调味品。他们不懂得珍惜他人的劳动成果，而且喜欢草率行事，对事情缺乏通盘的考虑；他们不喜欢一成不变，但往往由于没有把握住火候而给自己和别人带来很多的麻烦。

对喜欢的食物总吃不够的人。有的人吃东西不知道加以节制，看到喜欢的就一定要吃个够，这一类型的人，性格大多比较豪爽和耿直，他们大多有很好的人际关系，具有一定的组织能力，能使自己的周围经常团结着许多人。他们不懂得也不会掩饰自己的情绪，喜怒哀乐往往全部写在脸上，让人一目了然。

方式上：

喜欢独自进餐的人。从来不喜欢和他人一起进餐，而乐于自己单独一个人静静地吃，这样的人大多性格比较孤僻，有些自命清高和孤芳自赏。他们比较坚强，做事也很稳重，具有一定的责任心，能保持言行的相对一致，做到言必信，行必果。一般来说，他们在很多时候都能让自己的上司和亲人、朋友感到满意。

饭来张口的人。有的人在小的时候要就餐了，就叫妈妈帮忙做；年纪大了，哪怕是过了而立之年，就餐就求助老婆。他们吃了几十年的东西，却从不会烹调，只会饭来张口，吃点“软饭”。这种人不会管理自己的生活。他们希望放纵享乐，得到立即的满足，觉得这世界该把他们当成唯一的小孩。

2 喝，不仅是生理需要，也是心理需求

同“吃”一样，喝，不仅是生理上不可缺少的行为，同时也是一种心理需求，也是最能体现情感的。

怕喝醉，大多基于不想“吐真言”

现实生活中，每个人心中多多少少都会积压些消极情绪，而酒，可以使平日受道德和社会规范压抑的欲望以及感情复活。也就是说，我们可以通过杯中的悲欢、醉后的形象，了解到在日常生活中无法窥知的深层心理。此外，由于人们对酒后的行为往往采取宽容的态度，因此常有人利用这点倾吐压抑在内心深处的真情，通过对这些“酒话”的分析，往往可明了真意。所以，我们常说“酒后见真情”“酒后吐真言”。

我们先从人们饮酒时选择的酒以及喝酒的方式来分析对方的性格与心理：

喜欢喝纯威士忌的人

具男性气概、冒险心强，讨厌受形式束缚，对强权势力带有叛逆性。富有创造力、独创性又具正义感。外表上对女性表现得很冷淡，内心却是温柔的。

喜欢喝稀释的威士忌的人

这是最普通的男性性格，渴望能充分把自己的观念传达给对

方，适应力非常强。

中国白酒

喜爱白酒者一般富社交性而乐善好施，也有好好先生的一面，极在意对方的感受，易受吹捧，受人所托无法拒绝。

洋酒

这类男性多数追求豪华的生活，喜爱从事辉煌的工作，在服饰等方面也较挑剔。他们中有许多人有国外生活经验，也有些人则是崇尚新潮。

鸡尾酒

在工作上能充分发挥自己个性与才能，值得信赖。同时具有责任感，举止行动有分寸。

啤酒

根据美国社会调查研究所的调查，喝啤酒是渴望从苦闷的环境中获得解放，能表现轻松愉快的心情。

俗话说："酒品即人品。"接下来我们再来分析一下人们酒后不同的表现所透露出的心里的秘密：

喋喋不休型

这类人看似对一些事毫不在乎，实际上是个把什么事都藏在心里的人。

呼呼大睡型

这样的人一般很有正义感，原则性强，是属于理智型之人，平常不喝酒时颇懂得自我约束，言行也少踰矩。一旦决定干一件事，就会毫不犹豫地为之付出一切，而且专一而深沉。

引吭高歌型

这种人一般个性有些内向、温和，不善于表达，生活起居较具规律性，也是乐观进取之人，虽会酒醉，但心不会醉。只要你深入了解他，就会发现他是一个很认真投入的人。

大哭大闹型

这类人一般情感丰富而个性消极，自卑感重，在日常生活上曾遭受严重的鄙视或有许多委屈，在平常即会常抱怨或发牢骚之人。

爱笑型

醉后爱笑之人，个性乐观、随和、不拘小节，也是颇具幽默感之人。

而那些无论在什么场合中，绝对不喝醉的人，有的是顾及健康因素，然而大多数是基于"不想在别人面前喝醉"的心理，也就是说在"不想吐露真言"的观念驱使下，有意避免喝醉。这种类型的人自我防卫心很强，抱着极端个人主义的想法。他们即便是在日常普通的交往中，也决不让别人任意介入自己的生活圈，进行所谓"泛而浅"的交往，不与人"深"交。

从喝咖啡看潜意识

作为世界性的一种饮品，喝咖啡也形成了一种文化，并且从10世纪以后，沉默且力量惊人地渗透进我们日常生活，化为潜意识。

从对咖啡的选择及冲调方式来说：

喜欢喝普通即溶咖啡的人，往往缺乏足够的耐性，脾气暴躁易怒。总是力求不浪费自己哪怕一丁点儿的时间，他们只要做事，就急切地想见到成果，尽管这成果并不是完美的，有时甚至会忽略其效率和品质。但与此同时，他们却善于开导自己，以恢复精神，准备更好地去做其他的事情。

喜欢喝冷冻干燥咖啡的人，他们时常对自己抱有很高的期望，并常在其中迷失自己。很重视自己在他人心目中的形象和地位，他人的评价可能会直接影响到自己的心情。同时，他们对新鲜的事物有一定的好奇心理，喜欢探个究竟，也乐于模仿他人的一些行为。

喜欢喝新奇的混合式咖啡的人，他们不满足于自己是一个普普通通平平凡凡的人物，总是希望把自己塑造成一个完全的与众不同的人物，希望用属于自己的独特的观点和行为方式，去吸引他人，并且不惜为此花费巨大的时间和精力。

喜欢自己磨咖啡豆的人，除了勤劳的本性，他们做事更是有章有序，会尽量达到完美的程度。多是具有十分鲜明而又独立的个性的，充满了自信，认为没有人能够和自己相比，这一点会让他人感觉很吃惊，甚至是极不舒服，但却会记住他们。

喜欢使用电咖啡壶冲咖啡的人，多有较强的忧患意识，喜欢在事情没有发生之前，做一些准备工作，以防万一。在为人处世各个方面他们都显得相当谨慎，但对于比较熟悉的人则非常热情和大方，富有同情心，会主动地帮助他人排忧解难。

喜欢使用酒精灯煮咖啡的人，有比较传统的价值观念，行为也比较保守，这使得他们有许多大胆新奇的想法却无法付诸实践，成为现实。但从另一个角度来说，他们多有些怀旧的浪漫主义情调，时常会营造出一种相当朴素而又和谐的古香古色的气氛。

喜欢喝过滤式咖啡的人，多有比较高的生活品位，为了使自己的付出有更多更好的回报，他们往往会延后满足感的到来。因为这是一种最单调最浪费时间的煮咖啡方式，习惯于这一种方式的人多是完美主义的追求者，对于一切，既然想拥有，就一定要是最好的。

从持咖啡杯的动作上来看：

如果习惯拇指与食指紧紧扣住杯耳，其余指头拳起来。这是属于准备周到、随时随地可以投入工作或应付变局的人。他们的自我意志强烈，大胆、固执，对于自己很有信心。往往会坚持自己的主张，一旦热衷于某件事或某项活动，就会全心投入，埋头苦干。理智、谨慎、具有分析力及判断力。遇事冷静、沉着，不容易有冲动行事、感情用事的情形。习惯于客观地分析事情的每一个步骤。同时，这种人富有男子气概，个性吃软不吃硬，精力充沛，勇气十足。如果平常他不是以这种姿势持杯，表示内心有重大决定，而此刻正要告诉你这个决定。

如果习惯拇指与食指扣住杯耳，小指托在杯底。这种姿势举止优雅、大方，总是要把自个儿最美的一面表现出来。这种类型的人喜欢在台上成为众人瞩目的焦点，接受支持者的喝彩与掌声。他们拥有不可言喻的魅力，性感、聪明，深深吸引周围的朋友，非常有异性缘。有自信、有主见、积极、乐观、好胜心强，有贯彻理想的倾向。而且，这种人领悟力强，学什么都很快，通常具备艺术天赋，很可能走演艺之路。爱情方面颇为大胆，敢爱敢恨。不过，感情来得急也退得快。

如果习惯拇指与食指扣住杯耳，小指伸直离开杯底。这是一位诚实、善良、温顺的人，颇受朋友及上司的信任。这一类人心思细腻，性格温暾，对感情的感受力强，情绪很容易受外界影响，有为赋新诗强说愁的倾向。也比较爱干净、整洁，自己的房间如果没收拾得整整齐齐的话，内心会觉得很不安定。他们不擅长于情场，不但拙于表现自己的情感，还会将恋情深埋在内心深处。面对心仪的对象，通常未语先羞，不可能采取主动攻势。

如果习惯拇指与食指端着杯耳，其余手指伸长扬开，这种人外向、活跃，经常叼着牙签或吹着口哨闲逛，高扬着眉毛，脸上总是显现得意扬扬的神情。很多场合中，他们都是不请自来的“不速之客”。这一类人生活态度吊儿郎当，有打断别人谈话的习惯。轻佻、浮夸，讲话言过其实，喜欢夸大自己的能耐。做事不经大脑，常会出纰漏。神经兮兮，有杞人忧天的倾向。口不择言，喜爱大大咧咧谈论别人的私事，是公认的头痛人物。

如果习惯不抓杯耳，直接端握杯子。这种人向往自由自在的生活方式，凡事富弹性。聪明、敏捷，脑筋动得快，一旦热衷某件事，就会全心全意投入，即使废寝忘食也不在乎。始终在追逐新鲜、刺激的经验，所以不可能花所有的时间在同一件事上。梦想远大，遵循自己内心的标准，不囿于外界法规限制。

喝茶，一定是要用心的

开门七件事——柴米油盐酱醋茶。可见，茶乃人生必需品。不同的人喝茶有着不同的习惯，对茶的品位也不尽相同，但唯一相同的就是，他们都是用“心”来喝的。如果我们对此进行细致入微的观察与研究，就能从中发现喝茶人不同的心理特征。

喜欢喝名茶的人

这种人是自我主张强烈的人，能够坚持自己的观点，但时常显得很固执。他们的自尊心特别强，深信只有自己所做的事才正确。当然，对名茶感兴趣的人，可以肯定不是一般的平头老百姓。但从他们经常喜欢在别人面前提起自己的家当这件事来看，就显得有点装腔作势了。

讲究茶道的人

讲究茶道的人，性子大都比较慢，内心平静，稳定，脾气温和，而且平时表现得很随和。他们做起事来不慌不忙，有条有理，且能坚持很长时间。这些人当中定有不同凡响之人。因为他们不在乎花掉多少时间，而在于寻找那种境界，是不是能成为一个虚怀若谷的人呢？

喜欢到街头茶馆去的人

喜欢去街边茶馆闲坐，往往是喜欢了解世俗风情的人，当然也不排除囊中羞涩者。他们包容性很强，承受力也强，特别能吃苦，是不怕苦不怕累的人。面对各式各样的辛劳、艰苦和困难，他们都能接受，都勇于承担。而且，一般性情比较随和，很少做无谓的争吵之类的事。不过，这种人的灵活性较差，有时缺乏变通。

喜欢在家喝茶的人

更喜欢泡一壶清茶，与家人待在一起的人，守家意识特别强烈，他们对大千世界的兴趣往往不太浓厚，也不愿意在外面混，他们只关心家，与世无争。这类人大多平易近人，态度随和，在事业上往往缺乏成大事的野心，不过，这些并不影响他们成为同事眼中的好伙伴。

不喜欢喝茶的人

不喜欢喝茶的人，他们可能不是富有者，不过也不至于穷得连杯茶钱都付不起。这类人大都性格内向，由于专注自己过于防卫自己，有时候，他们显得特别执拗。他们轻易不会接受他人的邀请，也不会随便附和众人的意见，对新事物有着强烈的反抗心理。如果他们不得不经常陪人上茶馆，那肯定有他们的苦衷，但哪怕是价格惊人的名茶，他们往往也不会多喝几口。他们对外界常抱不信任的态度，东猜西想，疑心病重。做起事来也往往犹豫不决，反复无常，所以不容易把事做好。

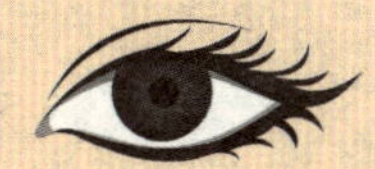

每个人，都不过是他习惯的总和

1 生活习惯——透过琐事看性格

心理学家莱恩德曾说：“人们日常做出的各种习惯行为，实际反映了客观情况与他们的性格间的一种特殊的对应变化关系。”也就是说，了解一个人的生活习惯，也可以作为我们认识一个人和评价一个人重要的参考。

透过电视节目看人的真实性格

电视是各种信息的天窗，用多姿多彩的画面将大众的神经吸引到了它的面前，使他们成为外在世界的被动观察员。太多的节目使人眼花缭乱，但随着口味的不同，各人总是有选择地观看，有人喜欢令人捧腹爆笑的综艺，有人喜欢激情澎湃的体育，有人喜欢缠绵悱恻的情节电视剧……美国的一位心理学家指出，透过人们喜爱的电视节目，可以看出他们的真实性格。经过实践的证实，这个观点新颖而且实用，在日常生活中通过细致地观察，可以帮助我们解读周围人很多不经意的小秘密，同时也是了解一个陌生人的捷径。

如喜欢看综艺节目的人，往往充满自信，热情大度，胸襟开阔，所以不会过多树敌；但在交往过程中，他们不善于设防，会因为过于相信别人而吃亏上当；他们能够坦诚原谅别人的过失，并力所能及地给予对方帮助。他们乐观开朗，心地善良而不愿记恨别人，此类人凡事喜欢看向积极方面，能站在别人的立场理解体谅别人。

爱好体育节目的人勇于拼搏，追求更好，他们不惧怕压力，往往争强斗勇，面对困难更会迎难而上，喜欢在与逆境的搏斗中实现自我价值，知难而进，百折不挠；他们通常未雨绸缪，做事有条不紊地制定计划，使其顺理成章地完成；做事有勇有谋，计划周详，是完美主义的人。但有时也会急于求成，功利心太重。

喜欢看喜剧的人，他们对金钱的要求不高，不苛求富裕优越的生活条件，较容易满足，注重亲情且能捕捉到生活里充满温情的东西。他们家庭意识很重，性格含蓄不张扬不轻狂。同时，他们幽默诙谐，能够使他人轻松卸下压力与内心的伪装，并善用幽默隐藏心里真实的情感；表面看来心不在焉安于现状，但一旦动了真格内心情感便会起伏强烈，犹如滔滔江水绵延不绝，一发不可收拾，这样大的落差容易让人禁受不住。

喜欢看戏剧节目的人，他们自信心特别强，且至少有一方面的特长，有足够的自信，相信自己能够冲破任何艰难险阻，富有冒险精神，敢于挑战极限，同时这类人的性格比较固执；而且有时还会有个人英雄主义，有领导他人的欲望，比较霸道，喜欢领导和左右别人，有时会因独裁专制而失去朋友；喜欢装腔作势，虚荣心较重，狐假虎威，让人看了厌烦。

喜欢竞猜节目的人，思维活跃，可以解决周围的很多实际问题，跟着演出的节奏进行思考和推理，不管答案正确与否，都表现出积极进取、竞争心理强的倾向，他们是富有智慧和镇静自若的一族。这类人往往智商很高，逻辑分析能力强，对任何问题都能冷静分析，寻根问底，最不能忍受无知和愚蠢。

以惊险刺激节目为最爱的人，对探求秘密的信息情有独钟，常百折不挠地去实现，好奇心重，竞争心强。他们像喜欢节目中的惊险一样，在现实中也力争上游，甚至不愿屈居第二，另一方面他们办事尽心尽力，凡事能够贯彻始终，本着认真肯干的态度；不喜欢平淡无奇，总是想方设法把日子过得丰富多彩，喜欢追求刺激而不甘于平凡。

喜欢看论谈节目的人，思维活跃，富有想象力；热忱善良，胸襟开阔，看到不公平的事情，总会第一个出来维护正义；在交际中，很是谨慎，察言观色是此类人最大的特点。

以上是从喜欢的电视节目这一兴趣分析人的性格，人都有属于自己的兴趣爱好，如听音乐的风格，常听凄美歌曲的人，也常会见他们愁眉不展，他们办事委婉，不雷厉风行，这种人心地非常善良；喜欢摇滚乐的人，畏惧孤独，不能独自忍受寂寞。从喜好的颜色来看，喜欢黄色的人，善于隐瞒自我，让人琢磨不透；偏爱橙色的人，积极进取，勇于开拓。从阅读书籍的类型来看，喜欢武侠的人，天真浪漫，热爱幻想，内心深处时刻有着某种英雄情结；喜爱看传记的人，往往好奇心旺盛，深谋远虑，也伴随着很大的野心。

生活中我们的每一种兴趣爱好都能揭示一个人的性格，或热情洋溢或孤僻自卑，或坚强或懦弱，或独立或依赖，等等，可以说，兴趣爱好是性格的底色，一言一行，甚至是不经意的无意识的涂鸦，都能体现出一个人的性格特点。

敲门声会告诉你访客是何种人

敲门是生活和交际中经常出现的动作细节。一般来说，我们到朋友家做客或者进入公司、客户的办公室的时候，都需要用这一动作。这也成了生活中应用得非常普遍的一个动作，通过一动作细节，我们可以判断出很多有价值的信息。

当听到一个稳健、响亮，犹如泰山压顶的敲门声，我们可以判断出敲门者是一个办事沉稳的人，也是一个非常讲究礼貌的人，他的敲门声往往也表示出他一定是有非常重要的事情要说明。

当听到一个短促凌乱、响若雷鸣的敲门声，常给我们紧张的感觉，这也表明敲门者是一个常急躁的人，他（她）的来访不一定非常重要，但是他（她）的表现却是非常着急的情形。

当听到一个轻软无力、细若蚊声的敲门声，开始都不一定能够引起我们的注意，这表明敲门的人是一个缺乏自信、怯懦的人，他（她）也许是刚刚入行的推销员，也许是一个想提出请求却还没想好怎样开口的人。

当听到一个轻柔沉静，却富有节奏的敲门声，给人踏实的感觉，既不让人觉得紧张也不会被忽视，这样的人一般都是很文静的人，他们的来访也许只是一般的公事。

当听到一个沉重迟缓的敲门声，会让我们感觉像干裂的木柴，或者干涸的河床，这样的人多半都是很忧郁的，所以他们会在一些细节的动作中，将他们的忧郁无形地传递给他人。

当听到一个迟缓造作、软弱无力的敲门声音，让我们觉得有些烦，这是因为敲门的人往往都是很好虚伪的人，所以在他们的动作中也会处处体现出一些矫揉造作的成分。

当听到一个热烈激昂的敲门声，会给人余音不绝的感觉，我们可以从这个声音中听出会有好事发生，因为这是一个欣喜的人传达好消息的声音。

当听到一个干涩无劲的敲门声，会让我们觉得有一潭死水在那里，这让我们的心情也有些压抑，因为门外是一个非常苦闷的人，也许他（她）是来找我们诉苦的。

当听到清响急脆的敲门声，就像卵石相击那样，我们会明显地感觉到这个人的气势，这时门外也许正站着一位非常好胜的人。

在所有的敲门声音中，干脆利落的声音就像叮咚的泉水，让我们有听觉上的享受，这样的人通常会是一个非常高雅、非常受欢迎的人。

宠物，是主人潜在性格的延伸

如今，饲养宠物已经成为一种时尚，被大多数人所接受并喜欢。但你知道吗，从喜欢的宠物，也可以了解一个人的心理。

因为从动机而言，当初人类饲养宠物为的是要满足内心那股被服从和被追随的愿望。因此，一旦开始饲养之后，宠物就形成了人类的“自我延伸”。人类借着自己的宠物表现各种愿望，将自己的性格特征明白地透露出来或者暗示隐藏在心中的欲求。

喜欢养狗的人

宠物中，数量最多的就是狗。通常情况下，他们不太主动，往往是按照他人的想法行事，具有隶属性格。这种人多半属于外向型，喜欢与人说说笑笑，很容易就与人打成一片，从外表看来，多半给人交际能力强、爽朗、富有人情味、敏感、坦诚的印象。如果他心里有什么，情绪变化会立即在脸上或言行举止中表现出来。

另外，喜欢养外形丑陋的狗的人，大多对自己的容貌缺乏信心；喜欢养大型犬的人虚荣心强；喜欢养名犬的人大多具有歇斯底里的性格，而且表现欲较强；只养东洋犬不饲养其他品种狗的人，大多喜欢独断专行，凡事好猜忌。

喜欢养猫的人

有趣的是，与养狗的人一样，养猫的人在性情上也会同所饲养的猫相近。我们知道，猫喜欢居住在高地，大都单独行动，靠自身的力量来获取食物，因此它们敏感、仔细、独立性也很强。喜欢养猫的人，也有这种特性。他们与他人互相承认彼此人格，独立心也很强，对自己要求很严格，对他人亦如此。这种人大部分属内向型，而且喜欢独处，不爱将感情表露出来，也不善于启开他人的心扉，经常给人留下内向、不善交际、乖僻、冷漠、矫饰的负面印象。

喜欢其他小动物的人

除了狗与猫之外，一般人还比较喜欢饲养的宠物有鱼和鸟，这些宠物（如金鱼、热带鱼、鹦鹉等）比猫、狗反应迟钝。饲养这些动物的人，大都希望依照自己的意思来爱护这些宠物，同时也希望拥有完全属于自己的世界。他们对于日常的人际关系相当厌烦，不善交际，多半属于孤僻型。这往往会使他们自己陷入不管任何人的危险境地。

还有人喜欢养乌龟、蜥蜴等小动物。这类动物大多温驯可爱，总是慢吞吞的，常常在一个地方可以待上一两个小时，它们的身上有很厚的外壳。喜欢这类动物的人戒备心比较强，对别人的看法比较敏感。

喜欢把玩偶当宠物的人

一般而言，喜欢将父亲送的礼物随身携带的女性恋父，如果与这种人有所争执，产生疙瘩，经常是久久难以化解。婚后，婆媳之间的相处也会经常产生芥蒂。相反的，会将母亲送的小礼物随身携带的男人，则有恋母情结的倾向，容易与妻子发生冲突。

另外，还有些人会非常重视象征过去荣誉的物品（如奖杯、奖状等）的人，通常比较恋旧，而且多是对自己的现况不满，试图靠回忆过去的光荣历史，来抚慰自己的心灵。

拿麦克风的方式，暴露你内心深层面

K歌是当下很多年轻人喜欢的娱乐项目，他们在KTV中边唱歌边发泄感情。如果仔细观察，你会发现每个人拿麦克风的方式略有差别，而这些动作，在震耳欲聋的声音中，正悄悄地透露着人们内心深层面的性格！

其一，抓着麦克风上端的人。这种人生性多疑、善变，有神经质倾向。情绪起伏明显，经常为一点小小的不如意就任自己束缚在低潮情绪中，心情很容易跌入谷底。

这类人外表强横专制，内心却是怯弱、纤细。生活中充满着矛盾与冲突，非常缺乏安全感，是色厉内荏的人。我行我素，不按常理出牌，让人觉得很难以捉摸。而这种持麦克风的方法，对他们来说有稳定情绪的作用。

其二，抓着麦克风中端的人。这种人讲求规律、和谐的生活步调，待人处事谦和、亲切。重视公平、均衡、正义，看不惯社会上不平等的事情。一般来说，他们的态度中庸、温和，虽然内心有怒火也不会冲动得立刻表现出来，凡事秉持“人不犯我、我不犯人”的原则。

这一类人重视传统，喜欢遵循前例处理事情，缺乏创新、冒险精神。在爱情方面，这一类人略为消极被动，除非受到好朋友怂恿、鼓励。否则，他们总是裹足不前的。

其三，抓着麦克风下端的人。这种人个性爽快大方，精力充沛，走路步伐迈得很开，富冒险、犯难精神，是典型的行动派人物。非常够朋友，对自己认同的伙伴好得没话说。爱憎分明，凡是自己厌恶的人与事，谁也没办法影响、改变他们。做事情相当有主见，总凭着一己的意思、喜恶来做决定，缺乏弹性，一点都没有通融的余地。

在爱情方面，这一类人崇尚自然、率真，常常主动向心仪对象示爱，不避讳谈自己的感情世界。缺点就是躁动、激进、脾气不好。

其四，两手同时握着麦克风的人。这种人为了减少内心的紧张、恐惧，增加自信心，握麦克风的手甚至会交握在一起搓揉。就身体语言来说，两手交握横挡在自己面前，即建立一道自我封锁的护栏，强烈暗示着防卫意味。这种人个性敏感，行事谨慎、保守，人际关系偏向冷淡。与其说他们姿态高，向往孤独，不如说他们害怕被拒绝，以至于经常与社交生活保持距离。

有这种性格的人女性气质明显，害羞、内向。遇事优柔寡断，即便是极小的事，也会思忖良久犹豫不决，做事缺少魄力。依赖心强，害怕自己做决定。恋爱的态度既执着又严肃，一旦爱上了某个人，会全心全意对待，付出自己的全部。温柔、敏感，常为单恋所苦。

其五，一手拿着麦克风，另外一手缠弄着麦克风线。这种人有浪漫倾向，个性倔强、任性，情感如潮水般汹涌而来，喜欢编织绮丽的梦想。他们热切追求爱情，渴望浪漫情愫。多愁善感，相当专情，如果一天没有和爱人见面或说话，心情就平静不下来，很没有安全感。他们通常是编剧、文艺家笔下的少男少女。

另外，唱歌的时候，麦克风离嘴很近的人，属内向性格；离嘴较远的人属外向性格。用指尖拿麦克风的人，非常注意外表的美观与整洁，常常保持气质优雅的体态，凡事讲求完美。

吸烟反映了一个人的内心需要

吸烟反映了一个人的内心需要，我们可以从他吸烟的动作和拿烟的习惯来解读他的心理和性格。

吸烟动作

仰头向上吐烟，说明他是一个很有自信的人，常常给人一种居高临下的感觉；如果他向下吐烟，说明他的情绪非常消极，心里有很多疑虑。向下吐烟圈，那说明他正在思考一些事情。

另外，一个人吸烟的速度和他情绪的积极性也是相关的，如果他吸烟的速度很慢，说明事情很棘手，或者说他正在考虑怎样对付你。吸烟时一直不断地磕烟灰，说明他心里非常不安和矛盾。如果点燃了一支烟，可是没吸几口，就把烟掐灭了，这说明他想赶快结束谈话，或者说他心中已经有了主意。

拿烟习惯

“O”形拿烟法，即用大拇指和食指的指尖拿烟，两根手指形成一个小圆圈，其他手指则非常优雅地伸展开来。这些人往往说得比唱得好听，可是他心里正在为你设置一个陷阱，等着你跳下去。

标枪式拿烟法，即把烟夹在拇指和食指的尖端，其他手指则缩向掌心，看起来好像是抽烟的人在投标枪。这些人往往脾气暴躁，给人一种很凶狠的感觉。

握拳式拿烟法，即紧握拳头，紧紧抓着夹在食指和中指底部的烟，他们会把这根烟抽到剩下烟蒂。这些人大多有过贫穷和饥饿的经历，所以他们形成了节约的习惯。即使他们取得了很大的成就，他们的内心仍有深深的自卑感。

总之，只要你善于观察，一个平常的吸烟动作，一个随意的拿烟姿势，就在无声地告诉你对方的性格和心理。观察到了这些情况，无疑对你与他人的交往是非常有利的。

刷牙，是你思想的最真实展现

刷牙，可以说是每个人每天必做的事情，起床后、临睡前，我们都会与牙刷牙膏打交道。但就是通过这样一个日常小小的动作，也可以知晓一个人的性格。你要知道，刷牙，它也是受人思想的驱动而产生的。

从刷牙时的眼神看：

刷牙时，喜欢漫不经心盯着镜子中的自己，这种人非常理性，做事讲求原则。待人不卑不亢，对于爱情，他们有着长远而传统的看法。因此，他们在恋爱时表现沉着稳重，按部就班，一般少有疯狂而过分的举动。当然，也正是由于他们的理性，往往会让有好感的人误以为他们只是普通朋友而已，也会让恋人感觉他们缺乏生活情趣。

抬起头刷牙，眼睛向上看的人，不太善于沟通，对待恋爱，他们多以自己为中心，他们不知道爱情不是一个人的事，因此只注重自我感觉，很少替对方设身处地地想一想；相反，垂手低眉，眼睛向下看的人，则是温柔体贴，用情专一，一旦陷入情网，便不可自拔，全身心地投入。在生活中，他们逆来顺受，生活态度有些消极，在遇到困难时，往往容易失去主见，灰心丧气。

边刷边往两边张望，这样的人属于幻想主义的人群，对生活有太多的美好期待。但是由于缺乏勇气和毅力，往往仅限于“纸上谈兵”，没有实际行动。

从刷牙的动作看：

上下刷牙，这表示他们对自我形象比较满意，而且保有幼年时代学到的许多积极的价值观和道德观。他们和父母之间保持着良好关系，善于结交朋友，这也成为他们成功的主因。他们生活态度乐观积极，在工作过程中，讲求效率，给予自己足够的空间。在别人眼里，他们是可以信赖、友善、快活的人，没有什么心计。

左右刷牙的人，可能在成长过程中，遇到过许多不如意的事，他们很容易陷进过去的痛苦中，独自感慨“人生不如意，十之八九”。他们的性格有些叛逆，不喜欢附和他人意见，总是唱反调，喜欢争辩，尤其爱争些鸡毛蒜皮的琐事。

从刷牙的时间看：

只在早上刷牙的人，很在意自己留给别人的印象，而且可能非常努力地依照别人的期望过日子。大体说来，他们十分讲究穿着，很懂得修饰自己，总是把最好的一面呈现在别人面前。每天早晨活力充沛地面对一切，是他们人生哲理中不可或缺的一部分。他们爱回忆过去，总是为过去的虚度光阴而悔恨。

只在晚上刷牙的人，他们只在乎一件事情：不要蛀牙。他是个讲求实干的人，从来不说废话，喜欢以最少的精力来完成一件事，事情不必做得很完美，只要差不多即可。他通常说话算话，不多说，也不少说。

而每日刷牙超过三次，往往是一种强迫症的表现。这样的人长期缺乏安全感，防御心理非常强。在工作中，他们兢兢业业，一丝不苟，不愿意为别人留下任何口实。每次外出赴约前，他们可能花上三个小时梳妆打扮，却仍旧认为自己不够好看。他们缺乏主见，同一件事情，他们一次又一次地请求别人帮助出主意。

从牙膏的用法看：

用太多牙膏，这类人由于心中强烈的不安全感，有舍弃一切的倾向，而且，他们所谓的“足够”是永远都不够。他们极度挥霍，为的是让自己体会到幸福的感受。他们所过的生活远超过财力所能负担的限度。对他们而言，这些都无所谓，只要每个月信用卡的账单能够付清就行了。相反，用太少牙膏的人，大多在生活中知道节俭，但有些保守，中规中矩，显得死板，缺乏生机。除此以外，这种人多比较理智，不会有过激行为。

喜欢把牙膏挤得干干净净的人，会紧紧把握生命中的一点一滴，不单是牙膏而已。他们是吹毛求疵的人，一本正经，规规矩矩。他们习惯把盘中最后一口食物吃完，不浪费任何一丁点，即使剩下，也会用塑料袋保存好。他们制造的垃圾很少，只要想到要丢东西，就令他们惶恐不安。

喜欢从牙膏管中间挤牙膏，说明他们只关心眼前，不重视未来，是个及时行乐的人。他们没有银行账户，如果有也只是一点儿股票、债券，或其他长期投资。在性爱方面，即刻的满足通常是建立长久关系的基础。

使用牙膏时总是轻轻地挤压，小心翼翼，这种人的感情多比较丰富和细腻，温柔随和，比较浪漫，不轻易发怒，能体谅和宽容别人。但作为长辈，多会对小辈表现得过分溺爱。

经常弄丢牙膏盖的人，有很强的进取心，还有一定的胆识和魄力。在面临比较重大的事情时，一般不会临阵退缩，做逃兵。

2 出行习惯——以车识人

公路上，各种型号、各种颜色的汽车汇成了川流不息的车流。但在心理学家看来，车流中还藏有开车人以及坐车人的性格、情感和身份。

什么人开什么色的车

心理学中有一个有趣的观点：一个人，无论找对象还是选车，都希望对方能跟自己脾气相投、笑点一致。有位法国心理学家就曾经给出了这样一条车色心理学的定律：车身颜色较不起眼，说明车主多半是循规蹈矩、工作干劲十足的人；相反，选择亮丽颜色的人，真正野心勃勃的并不多，多半乐得享受眼前生活。

具体来说，让我们看看下面这11种常见的车色分别反映出车主怎样不同的个性：

红色：选择红色汽车的人，是潮流的追随者，因为红色展现的是行动力、能量和阳刚气。尤其对男人来说，他们注重自我，比较在意自己的社会形象，选择一辆红色的车就是为了宣示他在自己的世界中的至高地位。但对女人而言，红色只是意味着自信和趣味。

白色：开白色车的人希望展现一个年轻、现代、充满活力的自己。美国纽约帕森斯设计学院色彩理论教授库伯曼认为，白色还体现出不俗的品位和优雅的气质，与诚实、纯洁等品质联系在一起。这类人开车的话，往往过于苛求安全，同行者经常会嫌其车速太慢。

蓝色：蓝色在心理学上是平静和积极的象征，蓝车就像在灰色公路上闪现的蓝天一样。选择蓝色车的人，比较有创意，分析能力较弱，凡事为人着想，头脑灵活，反应敏锐。但易给人冷漠的感觉。美国克莱蒙大学心理学博士、环境心理学家萨利·奥古斯丁还指出，蓝色代表了稳定、可信和真诚，营造了一个良好稳定的家庭氛围，因此居家的人会选择蓝色。

黄色：汽车选择黄颜色的人，什么事情都喜欢自己做主。恋爱、婚姻、选择职业都主动积极，就算身边的亲友反对也会坚持下去。这类车主很活跃而且慷慨大方，喜欢挑战。不过，很多时候勇往直前会碰钉子，最好还是好好计划一下再行事。这类人常因不守交通规则而惹麻烦。

银色：库伯曼说，银色是象征着安全感和新风尚的颜色，其金属光泽意味着创新。选银色车的人可能是一个着眼于上流社会的高端消费者。性格上，他们不喜欢过于刺激的活动，由于个性好静，凡事花尽心思努力去做。不管是谁都会对其有好感。有心计，肯努力。

灰色：灰色蕴含了威严、传统、成熟的气质。灰色汽车的车主一般很低调，不希望在人群中被凸显出来。他们很少关注地位，更多着眼于维持现状。

黑色：选择黑色车的人，自我克制能力很强，性格大多比较深沉、严谨。另外，黑色还彰显了经典、重要性和分寸感，是一种老练的颜色，因此，黑色车更加受到成功人士的青睐。

绿色：选择绿色车的人，通常比较敏感，比较谨慎，富有观察力和好奇心。

香槟色：香槟色车主可能有点忧郁倾向，心情容易低落。

棕色：沉稳的棕色意味着舒适和节省。开棕色车的人往往很会省钱，他们不会给自己太多享受。即便开的是棕色豪车，也多半是精打细算买下来的。

驾驶方式反映一个人的生活方式

人类步行只有五六公里每小时，跑步可以达到15公里每小时，骑马可以有五六十公里每小时的速度，开车却可以达到150公里每小时。可以说，汽车，让人类肢体的延伸，到了一个全新的境界。

既然我们把汽车视为一个人肢体的延伸，那么驾驶的方式就是肢体语言的机械化身（事实上，一个人控制汽车的方式和控制身体的方式的确有许多相似之处），那么，它必然也可以反映出一个人的心情与心态。

就开车速度而言

通常以平稳、容易控制的速度开车的人，做事风格也是中庸的态度，即使有很大的把握，也不会骤然冒险。

习惯超速行驶的人，不会受制于任何人，很积极，而且憎恨权势。其父母和老师很有可能做事十分严谨，超速行驶是他们发泄心中怒气的唯一方法。

行车速度比规定速度慢的人，缺乏自信。他们坐在方向盘后会没有安全感，觉得害怕，觉得无法操控一切。在生活中，自然也总是避免把东西放在自己手里，只要有人授权，立刻把权限缩至最小。

就驾驶姿势而言

靠近挡风玻璃，双手严格位于方向舵顶部，如果是初学者，这很正常。但如果是有经验的驾驶员，这样的姿势，会给他们带来不确定性、焦虑和悲观。

双手从方向盘底部抓握，习惯用这种姿势驾车的人是天生的领导者，能够成为他人的支持。

用一只手握住方向盘，这样的方式更多出现人生观十分积极的人中。他们中不乏乐观主义者和冒险家。

那些双手对称放在方向盘两侧，即呈“9点一刻”抓握，拇指自然搭在方向盘内侧的人，通常倾向于遵守规则和命令。当然，这也是驾驶汽车最安全的方式。通常倾向于遵守规则和命令。当然，这也是驾驶汽车最安全的方式。

就驾驶行为而言

喜欢大声按喇叭的人，生活中也是一个喜欢尖叫、大喊、发脾气的人，这类人对挫折的应变能力较差，脾气暴躁，遇到阻碍时通常会以一连串的高声来表达心中的焦虑和不安。

不爱换挡的人，也希望其他所有事情都安排得好好的。这样的人，比较喜欢寻找自己的生活方式，即使有时这么做遭遇的困难比较多，也很少向他人请教。喜欢凭直觉行事，而且喜欢把事情揽在自己身上。

就起步方式而言

绿灯一亮，便抢先往前冲，这类人凡事喜欢比别人抢先一步，喜欢胜利的感觉，不想被烙上失败的标记。

而绿灯亮后，即使后面的车辆再着急，仍选择缓慢行驶的人，总是深信只要自己不锋芒毕露，就不会遭人拒绝或被人伤害。他们在路上也总是让他人先行，从不和他人竞争，生活中亦如此。

就清洁程度而言

由于汽车被潜意识地认为是我们的第二个家，因此，汽车的清洁程度也大致反映了驾驶员在家庭卫生中的情况，以及他应对他人责任的方式。最有可能的是，居室内若充满混乱，会在车子里流露出来。

从等车姿势了解职业性格特征

公交车作为现代社会重要的代步工具之一，使人们的出行便利了不少。每天，公交站牌下，都不乏饱尝等车和挤车之苦的上班族。如果仔细观察一下他们等车的姿势，也许你就可以大致分析出他们的性格特征，以及在职场中所扮演的角色。

把手放在背后，或是不断地看手表的人

这类人企图心很强，又不太懂得掩饰。做事很讲求效率和成效，一想到什么事，就要立即做到才行。这样的个性，也使得他们并不适合做一个耍心机、圆滑的人。同时，这样的个性，也使得他们很容易会得罪别人，四处树敌。

把手插在口袋里的人

这类人是很有城府的人，做什么事都会经过详细和周密的筹划。可是最不按常理“出牌”的人也是他们，在笑脸的背后，往往也隐藏着什么重大的阴谋。这类人在办公室中往往有着相当好的人际基础，不过总给人不放心的感觉。也许是因为他们把全部的聪明都放在人际的周旋上，而对工作关心减少，所以总会聪明反被聪明误。

双腿交叉站着的人

这类人在办公室，有点像小可怜虫。虽然做什么都是实干苦干的，可是就是对自己缺乏自信心。别人随便吼两句，不管自己是不是有理的，总是会吓得个半死。太过委曲求全，迎合别人，没有原则地忍让，结果就是：让别人以为这个人不过如此，从而忽略了他们的“小宇宙”。

找一面墙靠着的人

这类人，通常心智还没有真的成熟。情绪管理的EQ比较差，阴晴不定的表情常常会挂在脸上，处理事情大多比较孩子气。做事好像也是随性而为，不高兴的就摆张苦瓜脸待在那儿。他们的这种性情，在办公室里是不受欢迎的，久而久之，不仅会让上司对他们产生意见，连同事之间也不见得会喜欢他们。

公交车上的百态众生相

等车时千姿百态，坐车时也是千奇百怪。有些人一上车就直奔后边；有些人坐在别人刚刚坐过、尚有余温的座位会很不自在，甚至会站起来，等座位凉了再坐；有些人把腿伸得很长、对着手机大声嚷嚷……而车上的乘客之所以会呈现出这些不同的状态，一定是由每个人的个性和喜好决定的。

喜欢坐在后面的人

有些人一上公交车，即使前边空荡荡的，他们也喜欢径直往后走，到了车厢的后半截，再找个靠近车门的位置坐下。其实这也是大多数人的选择，意大利非语言交流学家马克·帕克利，在研究人们在车厢中的行为时就发现，第一排座位，通常到了车厢快满时才有人坐。事实上，这种选择是人类特有的安全感造成的。当你选了第一排座位时，坐在背后的人会让你感到一种潜在的威胁，因为你看不见他们在你背后做什么。特别是一些较为敏感的人，这种自我保护的心理，会让他们比较喜欢坐在能够通览全局的靠后的位子。而那些在这些事情上表现得无所谓的人，往往是心理相对健康的人。

找“顺眼”的人同坐

很多人乘车时愿意找看上去“顺眼”的人同坐，这种人警惕性比较高。当然，与第一种情况类似，这也是大多数人的选择。这里“顺眼”并非单指漂亮、有气质等人们从美学角度进行的评价。人们通过对装束、举止等的分析，也会判断出对方是否能对自身造成威胁，以及这种威胁的大小。例如某辆公交上有两个空位，一个旁边是健壮有力的男人，另一个旁边是面慈目善的老太太，显然后者对人造成威胁的可能性比前者低，因此多数人会认为后者比较“顺眼”而选择与其同坐。这是因为人在陌生环境中，自我防御意识会更强。

过分在意座位余温的人

有些人在坐下时，如果感觉座位还有上一位乘客留下的余温，会立刻站起来，等座位凉了再坐。说明这些人比较敏感，心理健康程度不佳。事实上，坐在别人刚刚坐过、尚有余温的座位会很不自在，这很正常。因为多数人都不愿意用别人用过的东西，座位上的余温传达给人座位被别人占有过的程度，因此会让人不自在。但如果一个人不自在到需要站起来的程度，就不太正常了。其实每个人都有一个心理缓冲区，以减少外界给自身带来的负面影响，这些人因为内心的敏感而导致心理缓冲较小。这类人在生活中往往表现为很难接纳自己，同时也很难接受别人。因此，对于余温这种他人身体留下的信息自然会十分敏感。

大声打电话的人

有些人会在公交车上很大声地对着手机讲话，从心理学上看，这是一种过于以自我为中心的行为。他们一般不懂得换位思考，不关心别人的需要，在平时的生活中就习惯了沉溺在自己的世界里，很少顾及别人的感受。因此不了解自己的行为对别人造成了很大的不便。除了大声打电话，还有那些坐下后把腿伸得很长，或者把包放在旁边的位子占座的人，也属于比较自我的人。这些人不仅在公交上不受人欢迎，他们在生活中也不常去关心和帮助周围的人。通常这些人的人际关系也处理得不太好。

爱找人聊天的人

有些人喜欢一上车就找个人聊天，没几分钟就把“私房话”全抖搂出来了，这种人性格开朗、喜欢广交朋友，但也有些敏感，易激动。

还有一类人则是喜欢看书、看报、看手机，或者干脆呼呼大睡。这些不喜欢与别人搭讪的人通常自我防御意识有些强，并且更关注自身。他们中的一些人有着“不要和陌生人说话”的信条，而他们的这些行为也是在向周围的人传达一种信息：“别理我，让我安静会儿。”另外，他们也有可能在保持沉默的同时揣摩着周围的人。

3 选色习惯——你的“性格颜色”

色彩是大自然中最神奇的现象，是在我们生活中时时刻刻出现并与我们息息相关的“奇妙世界”。当你去了解它时，就会逐渐察觉到色彩也在向我们传达一个了解他人的重要信息。因为每个人都有专属于自己的独特的颜色。

如果一个人经常穿同一种颜色的衣服，就说明这种颜色能给他带来安全感或者愉悦感。再比如，在外人看来，某个颜色和一个人很相称，就说明这是属于那个人的个人色彩，或者说是与他很相配的色彩。

因此，了解一个人对颜色的喜好，往往就能探寻对方的深层心理，从而帮助我们找到与这个人最佳的相处之道。或许，我们还可以举一反三，加以利用，让色彩帮助你扮演你所希望的任何角色。

多疑易怒的人偏爱红色

喜欢红色的人，浑身充满了能量，他们精力充沛、感情丰富，为人热情而奔放。这种人在人群中也往往是开心果的角色，能把周围的气氛带动得更加轻松活泼。他们喜欢表达，语言能力较强，还很喜欢笑，而且嗓门特别大，煽动性强。处于红色性格的人身旁，你会不自觉地注意到他们，并受到感染。

在工作上，他们是天生的领导型人物。做事讲求效率，当机立断，速战速决。并且，敢于接受挑战，非常渴望成功，也能够承担长期高强度的工作压力。遇到困难，会不断尝试解决的方案，而不会原地等待或者逃避。独立意识也很强，不会受到别人的左右，不会因为别人的批评、指责或者干涉而改变自己的努力方向。

喜欢红色的人是精力旺盛的行动派，表现在消费上，就是他们往往凭直觉购物，不喜欢销售员烦琐的介绍。通常简洁地表达出自己想买的要求，然后快速地审视一下，立即购买。他们的生活也往往会在自己的能力范围内极尽奢华。他们要的就是一掷千金的范儿和那种淋漓尽致的表现。

在爱情上的表现，喜爱红色的人同样是全情投入，情感热烈，善于表达，喜欢了就会直言不讳地告诉对方："我爱你。"因此，一见钟情者、闪婚者也多为喜欢红色的人。

不过，喜欢红色的人，在发出正面能量的同时，也可能会产生同样强大的负面能量。

科学家们认为：当人类被激怒时，会很快选择红色。由此他们进行了一项实验：向人们展示图片，上面不全是红色色调，或蓝色色调。由此发现那些有侵略性的、易怒的人显示愤怒时，毫不犹豫地选择了红色。实验的参与者中，通常是多疑又有敌意的人也选择了红色，科学家解释道，这是祖辈原始狩猎时代遗传下来的。对于猎人，红色就意味着危险——是有毒的虫或有毒的植物的颜色。而当我们生气时，我们的脸会变红，像在警告："不要过来！"北达科他州立大学的研究人员的结论是，攻击型人格很容易发怒，这些人不习惯克制愤怒，所以他们喜欢红色，经常会选择红色的东西。常常稍微不顺自己的意，他们就会生气。一旦有事发生，也总是先怪罪别人，这些特质必然会影响红色性格人的人脉。

另外，缺乏耐性也是红色性格人的致命弱点。比如，在情感上他们就缺少持久性。还有，在工作中，当目标较小或者做事过程较单调时，他们也会很快厌倦。不愿担当小角色，如果没有施展的舞台，就会消极颓废。

作为一种很有生命力的色彩，我们也可以对红色巧妙地加以运用。

比如，你感觉自己无精打采，却又希望给人留下强烈印象，这时候，就可以使用红色，以给人留下充满活力的印象。

再比如，你希望别人接受自己的主张时，也可以让红色助你一臂之力。据说，女政治家总是在最关键的交涉中穿着红色套装，就是这个道理。

不过，如果你平时给人的感觉是自我主张太过强硬的话，则应该适度减少或减弱红色装扮。例如，用比平时深一个色号的口红，或者，用红色的指甲油或者红色耳坠这类的小装饰代替大面积地使用红色。

孩子与孩子气的人偏爱黄色

喜欢黄色的人，大多性格外向，做事潇洒自如，说话无所畏惧。这也就是我们说孩子和孩子气的人多喜欢黄色的原因。

事实上，还有心理学家曾经做过一个实验来证明这个观点，他们给幼儿园的小朋友每人发了一幅未完成的画，要孩子们在空白的圆圈内补充上自己最喜欢的颜色。超过90%的孩子填上的都是明亮鲜艳的色彩。而其中，那些喜欢黄色的孩子是健康水平最佳的。

因为黄色本身，就代表了干净整洁、明亮醒目、活泼，它使人心情愉悦，给人温暖、轻松、自然之感。它有大自然、阳光、春天的含义，而且通常被认为是快乐和希望的色彩。因此，喜欢黄色的人，也大多是充满阳光气息，为人积极、乐观，思想较开放的人。他们富有高度的创造力及好奇心。相当自信，情绪稳定，具有冷静的判断力，喜欢保持中立，所以容易赢得别人的信赖。

不过，虽然他们表面上看起来很好相处，但要是想进入他们的内心世界，却似乎不太容易。他们不会轻易展现真实的自己。与这类人交往时，若能保持一些距离，反而能维持比较长久的关系。

喜欢黄色的人是典型的工作狂，他们无法过那种平静如水的生活，渴望在工作中体现自己独特的人生价值。他们希望成为强者，也尊重强者，并以之为榜样，让自己变得更强。在推进事业的进程中，不受情绪的干扰，坚定不移。而且，越是有压力和阻挠，他们爆发的能量越强大。也许这并不是刻意为之，但这是将黄色所具有的自立性由内而外散发的一种表现。

喜欢黄色的人和经常在服饰中搭配黄色的人，崇尚浪漫，这种浪漫的情怀会伴其一生。他们害怕寂寞，难以独处，希望恋人时刻陪在自己身边。同时，他们又是多情的，很难做到心无旁骛地喜欢一个人，对身边优秀的人他们都有尝试约会的欲望。尤其是恋人由于某种原因不能陪伴时，他们的情感更容易偏移。

喜欢黄色的人，他们的性格缺陷也很明显。他们的情绪起伏非常强烈，可以从一个极端走向另一个极端，致使情绪失控。因此，当他们心烦意乱，或者陷入失败的情绪不能自拔的时候，最好别刺激他，放任他的情绪才是明智之举。

另外，正如大多数孩子都容易犯的毛病一样，喜欢黄色的人缺乏责任心。即使在工作中，他们会涌现出很多好的想法和主意，但是在实施过程中遇到困难就会首先想到逃避，缺少耐性和责任感。

在对黄色的利用上，我们可以根据其醒目的特性，在想引起他人注意的时候，试试黄色装扮。比如，在颈间系一条黄色丝巾、胸前戴一枚黄色花朵形状的胸针都是不错的选择。当然，你也可以学学日本明星美轮明宏，他那一头金发所表达的，正是“只有我最特别”这一主张。不过，要把头发全染黄还需要一定的勇气，而且一般场合也没有这么做的必要。

此外，在你情绪低落或者需要集中注意力的时候，黄色也很适用，因为它有活化神经的作用。从这一点来看，人在精神紧张的时候就一定不要穿着黄色了，否则会让人觉得更加心慌意乱。

喜欢蓝色的人多诚实可信

喜欢蓝色的人，性格内向，是很理性的人。他们喜欢宁静，镇定自若，面对问题常常临危不乱。他们不喜欢出风头，善于控制感情，很有责任心，富有见识，判断力强，胸怀宽广。这种人乍看之下应该人缘不错，其实不擅长与人交际，只擅长活动在志同道合的小范围的朋友圈内。

不过，蓝色所包含的色调非常广，从藏蓝色到蓝绿色，再到浅蓝色，亮度不同，所表现的含义也有微妙的差别。喜欢藏蓝、深蓝等偏黑的蓝色系的人，会比较保守、顽固，很难接受别人的意见。反之蓝绿、浅蓝等加入了白、黄色调的蓝色系，会给人一种天真、单纯的感觉。

正如蓝色所代表的天空一样，喜欢蓝色的人也往往具有可贵的崇高精神境界——态度明朗、诚实可信。因此，表现在工作中，他们总是要在做事之前制定周密、细致的计划，在实施的过程中，严格地按照计划行事。做事注意细节，强调制度和程序，追求品质和卓越。在工作中能够严格地自律，并不断地检验自己的工作成效，对人一诺千金，对事一丝不苟。

喜欢蓝色的人，在感情上也向往安稳、和平、和谐的生活。同时，他们又是睿智而冷静的，他们对另一半的要求比较全面，他们会关注对方的学历、职业、修养、性格，趋于完美，却不会主动，而是期待对方先开口。尤其是喜欢蓝色的女性，大多善良并有丰沛的感受性。她们情感细腻、敏感，多愁善感。常常是“为伊消得人憔悴”，对方却毫不知觉，因此，常与缘分擦肩而过。

当然，喜欢蓝色的人也有不尽如人意的地方。他们常常因为绝对地坚持己见，而对他人的意见缺乏采纳的雅量，所以与人意见相左时，虽然表面上没显露出任何的不悦，但心里其实很介意。另外，由于个性冷静、活力不足而过于沉静，会给人些许冷漠的感觉，乍一看让人觉得很难打交道。而且，因为追求完美，却又敏感，太在意别人的评价，所以容易受负面评价中伤。

不过，正是因为蓝色代表了诚实可信之人，因此，很多人，尤其是商务和职场人士等以工作为重心的人，往往喜欢用蓝色来“武装”自己。这也是得到商业界认可的高明小手段。让人印象深刻的蓝色装扮，能传达出自己值得信赖的信息，所以我们也不妨在重要的谈判、签署合约时灵活运用蓝色。它是我们需要抑制感情，或者需要冷静的判断力的时候最需要的颜色。例如，在2006年夏季棒球联赛上，日本早稻田实业队的投手斋藤表现极为出色，连他最喜欢用蓝色的毛巾也成了当时的热门话题。也许这个毛巾王子并不是有意选择了蓝色，但在人声鼎沸的球场中想要沉着冷静地投球，一条蓝色的毛巾也许就是他最大的支持。

同时，我们还要学会分辨他人的蓝色“武装”到底是否出自真心。我们可以从他随身的小物件，或者容易展现真实自我的休闲装扮中，看看他是不是也善于运用蓝色。不然，我们很可能被表面的诚实感欺骗，吃些苦头。

另外，生活中还有一个运用蓝色的小窍门，那就是——如果你想减肥，试试将餐桌变成蓝色。这是因为蓝色能让事物看上去很冷，所以将蓝色与食物放在一起，会让人觉得饭菜又凉又硬。如果在餐桌上用蓝色的盘子或者桌布，会让饭菜看起来不那么好吃，降低人的食欲。因此，那些减肥总是不成功的人，不妨从改变餐桌颜色开始吧。

喜欢绿色的人是脾气最好的人

绿色性格的人，可以说是人群当中最内向的那部分人。他们为人严谨、安分、做事稳重，是值得信任的坚实派人物，既有行动力，同时又能沉静思考。

正如绿色象征生命力、希望、和平一样，喜欢绿色的人也大多性情平静，充满了希望和乐观。大概世界上脾气最好的人都集中在这里了。这类人无论干什么都面露笑容，从来不斤斤计较，也因此擅长与周围的人保持良好的和谐关系，他们自己也很少感到忧愁或焦虑不安。

绿色也分很多种，比如黄绿、苹果绿等绿中带黄的颜色，喜欢这种绿的人友好、圆滑，与喜欢普通绿色的人相比更善于社交。这种人行动力强，但性情温顺。此外，喜欢深绿色的人沉着、冷静、干练且性格温厚。

但不可否认，不管是喜欢哪种绿色，他们都拥有着出色的协调人际关系的能力。因此，他们在工作中不会树敌，不会陷入政治斗争的旋涡里。懂得尊重他人，为他人着想，这样的人自然会赢得人心和团队的凝聚力。他们工作时也总是低调行事，从不冒进，可以从容而稳妥地处理各种事物，面对工作中的各种压力，给人游刃有余之感。

喜欢绿色的人，还是天生的“好男人”或“贤妻良母”。他们在爱情方面相当细腻，总是非常留意对方是否开心，是否满意，并为此而自我努力。他们对于家庭的安宁和幸福比别人更加看重，而他们的好脾气也会给家庭营造安静而和谐的氛围。在金钱使用上也颇有计划性，即使他们对潮流具有敏锐的嗅觉，也不会盲目跟着流行走。

当然，任何一种性格都必然有其劣势。喜欢绿色的人，太在意别人的反应，自然就不敢表达自己的立场和原则，不会拒绝他人；期待人人满意，就不能按照自己内心的想法去做。压抑自己的感受以迁就别人的后果，就是给自己的内心造成了很大的压力。在事业上，他们也往往安于现状，害怕冒风险。遇到问题，总是期待事情会自动解决，被动等待。

由于绿色给人以青春气息、欣欣向荣的感觉，带来沉静和谐的气氛，因此，当我们情绪低落与消极时，可以试着给自己或生活中妆点一些绿色。

英国埃塞克斯大学的研究者就曾经做过这样一项实验。他们选取了14名男大学生，要求他们在室内固定单车上骑行5分钟，并观看关于森林的纪录片。随后，研究者将视频背景由绿色转换为黑色、白色和红色，让志愿者在观看这3种颜色视频的同时，又分别骑行了5分钟。结果发现，他们在观看绿色视频时疲劳感低，情绪也能保持愉悦；而观看红色背景视频时，他们更容易情绪不稳。

事实上，色彩心理学家早就指出，人们在短波长颜色（如绿色和蓝色）的环境下会产生平静的感觉，而在长波长颜色（如红色和黄色）的环境下更容易兴奋和激动。所以，当我们过度劳累或情绪不安时，不妨佩带一些绿色的小装饰品，可以一定程度上缓和不安的心理症状。另外，当我们要做出决定，但犹豫不决的时候，穿绿色系的衣服可以帮助我们下定决心。

喜欢粉色的人温柔而浪漫

喜欢粉色的人，温柔而浪漫，通常是家教良好又纯真的人。他们富于同情心，能从他人的角度想问题，在别人需要帮助的时候，会毫不犹豫地施以援手。由于内心有童真的情节，这让他们看起来通常要比实际年龄年轻，尤其是心理年龄。喜欢粉色的人，还常给人依赖他人的感觉，但其实他们的内心足够坚强，所谓的依赖和顺从有些不过是表象。因为粉色是红色和白色混合而成，所以既有红色的热情与自信因素，也有白色的冷静。

较之其他颜色，粉色一般多为女性所喜爱。喜欢粉色的女性，独处时，总沉浸在幻想中，她们更渴望浪漫的爱情与完美的婚姻，浪漫情怀也会伴其一生。其中，喜欢淡粉色人不仅具有高贵典雅的气质，还很会照顾他人。喜欢深粉色的人则在性格上比较接近喜欢红色的人，有活泼热情的一面。

不过，虽说喜欢粉色的人比较多地具有女性的性格特质，却也并非是女性专有的色彩。喜欢粉色的男士富有艺术气息，却不张扬。他们喜欢音乐、鲜花，浪漫而不失高雅。心思细腻，很会呵护他人。一般不会斤斤计较，心胸宽广，比较中性。待人温和稳重而又彬彬有礼。

当然，浪漫的粉色性格也会给他们带来局限。因为过于浪漫，总喜欢沉浸在完美的想象中，所以，他们不愿意接受现实中的不完美，不论对自己还是他人。而且，总是希望别人的付出要多于自己给予的。他们也常有逃避现实的倾向，喜欢封闭自己，缺乏将想法付诸行动的魄力。

其实，粉色还有一个特殊的含义，就是人在恋爱时往往倾向于喜欢粉色。例如，有的女性原本对粉色没有特殊的感情，既不特别喜欢也不十分讨厌，但是有一天她会突然改变原有的风格，穿粉色的衣服，化粉嫩的妆容。这肯定与她想得到男性的关注有关。为了让自己显得温柔一点，她会有意或无意地喜欢上粉色。所以，如果你想恋爱了，那么就穿上粉色去邂逅爱情吧。

紫色最受艺术家的青睐

喜欢紫色的人，神秘而高傲，有着很强的审美意识，通常都是艺术家，即使不是，也富于艺术家的气质，机智中带有感性，观察力特别敏锐。他们在公开场合中总是显得沉默而内向，但事实上，他们表达自己与众不同的愿望却非常强烈，比较追求艺术或个性，讨厌平凡无奇的事物，有强烈引起他人注意的欲望。为了这个目的他们也许有时会显得虚荣做作。

同时，他们又拥有很强的自尊心，对自己的个性、价值观和世界观看得很重，对于能够在自己心灵深处唤起共鸣的事物，会不顾一切地为之感动，并热烈地向往，但是这一面不容易为别人所理解。而当别人质疑他们的时候，他们只会认为是这个人不理解自己，而绝对不会反思，所以常常会和其他人产生隔阂。但面对知心朋友时，喜欢紫色的人也会真诚以待，只不过由于内向且阴晴不定的性格，几乎没有几个人能够成为他们的知心朋友。

在做事上，由于异乎常人的感知能力，他们通常能够很好地判断事情的走势，当然这也会让他们在面临挑战的时候缩手缩脚，对事情的一些否定判断会让他们停下前进的步伐。

在感情上，喜欢紫色的人多愁善感、喜欢幻想，渴望浪漫的爱情奇遇，在感情上是比较幼稚的人，他们心思细腻，有艺术家的感性，所以喜欢的对象通常也是具有相同兴趣并具艺术性格的人。另外，纵情的人也比较容易喜欢紫色，这种人容易放纵自己，在生活上容易倾向颓靡，对于物质的要求很高。

喜欢紫色的人，其性格的局限性也源于他们的敏感和感性。他们常常毫无缘由地陷入忧伤，让周围的人莫名其妙。而且，在爱情上也会患得患失，多愁善感，既渴望相遇，又对未知的感情有着无端的恐惧和焦虑。

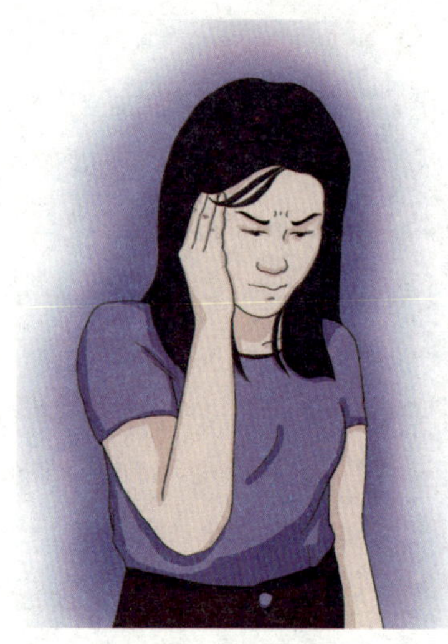

不过，如果你想穿着紫色衣服制造一种尊贵和神秘气质的话，一定要注意搭配问题。因为紫色是一种比较难搭配的颜色，弄得不好反而把自己的品位弄差了。

一般来说，偏蓝调的紫在搭配其他单品时，比较轻松，如跟灰色调、蓝色调、同样的紫色放在一起，都会让人眼睛一亮；偏红调的紫在跟其他颜色单品搭配时，比较受限，适宜跟同样紫红、或中性的黑或白一起搭配，显得女人味十足；带灰调的紫，如果直接跟灰色搭配，可达到优雅效果；比较深的藕紫，跟蓝、黑色搭配都比较协调；至于浅浅的藕色，如果跟各种粉彩色调并列，能穿出柔和效果。

喜欢黑色的人内心多软弱

喜欢黑色的人，多半是性格沉稳、个性成熟的人，他们能够泰山崩于前而面不改色，冷静地处理各种突发情况，传递出来的信息就是严谨、认真。有时，他们甚至让人觉得冷酷得有点可怕。

喜欢黑色的人，还具备很强的梳理能力，他们能够很快地找出别人的错误，善于解决棘手的问题，面对高压也能够很好地调节自身的节奏，意志坚定，不会临难而退。其实，他们的这种性格也正是黑色这一色彩的特质。因为不管加在什么色彩中，黑色都很少被别的颜色影响。所以喜欢黑色的人性格刚强、坚毅、勇敢，时刻准备为自己的理想和原则赴汤蹈火，不会为他人或者环境所左右。

在情感上，由于黑色给人精神压抑和冷酷感，黑色性格的人，恋爱往往不是很顺利，恋爱的进程也比较缓慢。但其实他们恰恰是用情最为专一和执着的人群，他们不会朝三暮四，态度极其认真，且会在生活上和事业上给对方以很大帮助。

喜欢黑色的人，其性格局限也是极其鲜明的。他们的意志坚定，很可能会固执己见，听不进周围人的意见或者直接拒绝与自己相左的意见，容易变得过分僵化、固执。他们的不苟言笑和过于严肃，也容易给人不易接近的感觉。喜欢黑色的人，性格很极端，强烈追求完美，却对很多事情都非常不满，认为样样事情都不合理，会为此感到痛苦。他们与伴侣相处久了以后，喜欢把自己的想法和理想强加于对方身上，过多地关注自己的喜好，这往往会给恋爱和婚姻带来麻烦。

另外，喜欢黑色的人群中，还有这样一类人，他们是利用黑色来逃避现实的人。例如，很多成绩平平，却喜欢用毫无区分力的黑色包裹自己的人，就属于这类人。他们心底隐藏着自卑与怯弱，不敢直视别人对自己的真实评价，不会寻找方法来改善自己的生活状态，希望在得过且过中寻找一种所谓的安全感，认为只有穿黑色才会让自己淹没在人群中，不会太显眼，这实际上就是一种逃避心理。他们希望用黑色来保持在众人面前的威严感，可是也让人发现了隐藏在内心的那份软弱。

从这一点来说，如果你平时不喜欢黑色却突然开始关注黑色，你就应该注意审视自己的心理状态了。因为外界的压力过大的时候，人们会下意识地进行自我保护，而选择黑色来逃避可能是自我保护的一种方式。如果是你身边有人突然这样，你可以和他多聊聊，既可以解开他的心结，又可以让他感受到温暖和关心，你们的关系自然会更加融洽。

在喜欢黑色的人中，还有一类则是善于运用黑色的人。黑色可以带给别人一种理性且充满智慧的感觉，因此，在面对各种棘手的局面或者希望很好地领导他人时，他们总是用黑色来包装自己。

另外，还想给恋爱中的人一点建议，就是如果你碰到了自己喜欢的异性，那就不要再以黑色示人了，多穿一些亮色的衣服，恋爱也会顺利得多。

喜欢白色的人多半偏执

喜欢白色的人，与白色有着共性的特点——美好。他们大多都有一颗纯洁善良的心，能够与大多数的人和睦相处，从而建立长期深厚的友情，对于他们而言，能够接纳他人的原因非常简单，因为他们善于发现别人身上的优点。

他们在意别人的感受，安静自立的性格讨人喜欢。遇到别人的指责时，他们通常会隐藏自己的真实感受，即使是愤怒，喜欢白色的人通常也会采用沉默的方式来表示抗议。他们不喜欢情感外露，也不喜欢表现自我，但如果分享起自己的真实想法，他们复杂的性格一定会让每个想了解他们的人感到震惊。但总体而言他们是属于活泼外向型的一类。

喜欢白色的人，通常都拥有过人的才能，在事业上有很高的抱负，且会向着自己的目标脚踏实地地努力。他们做事认真，不爱弄虚作假，追求完美。喜欢白色的人，不喜欢处于领导的位置，在他们的心中，任何一个错误的决定都会让他们感到难安，所以不喜欢承担责任，他们乐于做一个追随者，喜欢站在一个安全的位置去观察周围发生的一切，即使对事情有不同的看法也不会主动发表自己的意见。

喜欢白色的人，对于爱情也有比较高的期待。如果是女士，多温柔文静，向往自由、安静、温暖的家；如果是男士，则性格浪漫，追求完美，对一切充满希望和幻想，但是情感比较脆弱。给他时间和空间，比穷追不舍更有机会得到他的心。但不管是男士还是女士，喜欢白色的人都很少会先向对方表示爱意，而是采取等待的态度。

不过，即使白色是一种近乎完美的色彩，但白色性格的人也存在很多弱点。比如，他们会过于挑剔、敏感、抑郁，也特别容易孤独，不太容易接近。同时，由于他们不善表达，也容易让人们产生误解。他们不允许自己去做一些与危险有关的事情，这也就使他们丧失了给生活增添色彩的机会，许多人在中年的时候会为自己选择平坦的道路而放弃自己喜欢的事物，并对此深感懊恼，容易在悔恨中度过余生。而且，喜欢白色的人，是一个胆怯的群体。他们不懂得据理力争，在人生的一些重要转折点上都会选择避免产生冲突，默默地接受生活中的一切。由于对自己的期待很高，这类人也常常会因为理想和现实的差距而陷入烦恼中。另外，尽管白色性格的人自己不愿意承认，但他们确有不够大方、对金钱看得比较重的一面。

一般来说，很少有人讨厌白色，而白色又是一个百搭的颜色，因此，基本上每个人的衣橱里都会有一件或几件白色的衣服。但同是白色衣服，男士和女士穿起来的效果却大不相同。对男士而言，白衬衫配西装是经典搭配，不出错但也不出彩。然而，女士穿白色服装却显得很特别。许多女士在第一次约会时，总想让自己显得更加美丽动人，常穿白色衣服。不过，白色也容易给人留下一种“冷冰冰”的印象，增加双方的紧张感，弄得冷场不断。因此，如果是初次约会的话，还是选择穿能体现自己特点的颜色鲜艳的衣服比较好。

男人来自火星，女人来自金星

1 男人的谎言和欺骗

由于天生的性别差异，男人和女人在思维方式上也确实会有极大的差别。对于女人来说，只要你有解读男人内心的智慧，学会从生活中的一些微表情、微反应中窥探男人的本质，你就能了解多变的男人。

听懂男人的话外音

男人说话常常另有深意，特别是在女人面前，常常话外有话。只有学会破译男人的话外话，聪明的女人才能看清男人的内心世界。那么，就让我们一起看看，女人经常听见的男人的那些话语，隐藏着男人怎样的真实意图。

“不太适合”

情景：

“亲爱的，星期五晚上有空吗？”

“星期五……应该有。”

“星期五是莉莉的生日，听说美玲和珍妮的男朋友都要来……你也刚好有空，我们一起去吧！”

“哦……你也知道我很怕生，我觉得我不太适合参加生日派对。”

解析：

当男人说“不太适合”时，就表示“我不是真心地喜欢你”。如果是真心喜欢对方，那么所有的男人都会向周围的人炫耀自己的女朋友。“这就是我的女人！不许碰她！不许打她的主意！”当然，为了确立自己的地位，他还会跟女友的朋友们频繁接触，争取得到大家的认可。因此，当女人邀请男朋友一起去见朋友时，如果男朋友说“不太适合”，那就不要忘记他的心里还有“我为什么还要见你的朋友”的想法。

“下次”

情景：

“今天可以见面吗？”

“哦……下次吧。今天家里有事，我们改天再见面吧。”

“下次是什么时候？”

“这……我也不知道，不是我不想见你，只是事先约定时间后，要是不能遵守约定，我心里也会过意不去的。反正改天再见吧。”

解析：

当女朋友要求约会时，经常说“下次”的男人根本不爱自己的女朋友。要知道，为了见自己心爱的女人，还有什么理由说“下次”呢？如果今天没空，就可以明天见；如果明天没空，还可以后天见；如果还不行，至少可以抽10分钟的时间见见面啊！所以，当女人要求和男人约会时，轻易就说出“下次”的男人，心里往往有着“今天我可不想见你。当然，我也不知道什么时候想见你，到时我们再说吧”的想法。

“不要再问了”

情景：

“昨天你去哪里了？”

“我待在家里。”

“在家做什么？”

“什么都没做，你不要再问了，我不喜欢你这样逼问我。”

解析：

大部分女人都想知道男人和自己分开时都做了哪些事情，而任何男人在自己心爱的女人面前都会说实话，绝对不会有类似于“不要再问”的态度。因为“不要再问了”话中隐含的深意，往往是“我讨厌回答你的问题，因为我对你没兴趣！”因此，这种男人既不喜欢你，也不爱你，甚至看不起女人，所以随便对待感情。

“我会给你电话的”

情景：

“什么时候陪我去逛街？”“我们明天干什么？”

“我看看吧，我会给你电话的。”

解析：

这又是一句令女人摸不着头脑的话，对这句话的破译也有很多不同的版本。女人会想：什么意思？到底是对我有兴趣还是没有兴趣，但如果他根本无意于我，为什么又要打电话给我呢？知道了，这个男人很忙。

其实，女人想错了，这是男人们常耍的一个小把戏，可能连他们自己都不知道自己到底是什么意思。对这句话最好的破译就是“我们该结束这次交谈了，但或许某天我会有兴趣给你电话的。”卡耐基对此做出过这样的解释：“这句话可能表明男人肯定会去打电话，也有可能是男人肯定不会去打电话。说句实话，有的时候可能连男人自己也不清楚到底是什么意思。”

“我会给你电话的。”这是男人结束谈话的常见方式，这样，他们才能在不感兴趣的女人面前顺利地溜走。因此，下次再听到这句话时，女人们绝不要对这样的男人抱任何期望，否则，最终伤害的是自己。

“给我一点空间”

情景：

“为什么又去酒吧了？你就不能来我这儿多待一会儿吗？”

“请你给我一点自己的空间，好吗？”

解析：

男人在说这句话时，如果女人和他刚确立关系不久，可能是男人觉得进展过速，想放慢节奏——他正想着是不是和你继续下去。如果是经历了长久的爱情历程，这说明男人正承受巨大压力，正在试图逃避你。这时说出这句话，聪明的女人应该意识到，男人的意思可以和“滚开，别来烦我！”画上一个等号。

另外，这句话的潜台词也可能是“请让我独自待一会儿。”所以，下一次当你再听到这句话，尽量避免歇斯底里地对他揪住不放。这是男人使自己进行理性思考的方式，积极配合他也许是此刻女人能做的最好选择。

“还好”

情景：

“你怎么啦？脸上这么难看。”

“还好。”

“还好？还好是什么意思啊？”

“没什么意思。”

解析：

“还好。”虽然只是简单两个字，但在女人心里却不异于一个重磅炸弹，敏感的女人会想：“他不高兴啦。他一定有事瞒着我，否则为什么要回避我？”然而，如果你聪明的女人，了解男人的脾气你会发现，男人的这句潜台词也许是：“亲爱的，我累了，现在不想说话。我需要一个人待一会儿，然后再跟你亲近。”很多时候，沉默是男人的一种独特解压方式。女人对这句话的最好回应就是，静静地依偎在他身边，等待男人恢复到常态。

感情是理解的前提，但感情太重也是误解的诱因。所以，女人千万不要盲目为了男人的某句话而满怀期待或火冒三丈，先静下心来听听他的潜台词，也许就会有不一样的发现。

看懂男人的真面目

大多数女人不太喜欢理性总结和思考，所以对于男人的某些行为，她们只能从有限的经验中去推演，但却往往得出错误的结论。其实，当你认为很了解一个男人的时候，也许你只是看到了他的冰山一角。但是男人一些不经意间表现出来的动作行为，却透露着他们内心的秘密。

那么，对于那些不够坦诚的男人，我们该如何去识破他们的真面目呢？

酒后才说“我爱你”的男人

有一种男人，平时哄女人的话从来不说，但是他只要一喝醉了，就会说很多甜言蜜语。当女人遇到这种男人，通常会想：“他可能不善于表达，所以只有在喝了酒以后才对自己说甜言蜜语。他很内敛，平时不好意思说这些肉麻的话，所以才敢大胆示爱。”

但男人酒后的甜言蜜语，真的都像女人想的这样吗？

其实未必。男人酒后说的话，很多时候不过是骗女人上床的把戏。男人之所以总在酒后对你吐“真言”，就是让女人感动、高兴，为了让女人任他摆布。在男人的大脑里，酒后所有的承诺往往会在酒后变成空白，最动听的语言也会随风而去，男人只是说说而已，女人不必当真。男人酒后的承诺，信了是傻女人、痴女人，不信才是聪明的女人。

所以，聪明的女人，不要把男人在酒后说的什么作为判断他是否爱你的标准，要知道，说出“我爱你”这三个字可能是酒精的作用，真正的爱是用不着借助酒精的力量的。再说，男人究竟爱不爱这个女人，不应该只听他们对女人说了些什么，而应该看他们对你做了些什么。话可以很随便地出口，行动却能暴露男人真正的心思。如果男人是真的爱一个女人，即使从来不说“爱”字，女人也能感受到男人所传达出的强烈爱意。相反，如果男人不是真心疼爱一个女人，即使说上一千遍“我爱你”，女人也不要在意。所以酒后甜言蜜语，就是胡言乱语，更不可信。

承认自己坏的男人

女人喜欢坦诚的男人。因此，当一个男人承认自己是坏男人的时候，女人反而会认为他没有那么坏，一个坏人怎么会承认自己坏呢？女人反而会心疼地替男人辩解，为他的种种坏行径找出解释的理由，还会找出男人的一堆优点：诚实、可爱、坦白。

可事实是，有些男人会这样想，承认自己坏就没有任何负担了，再也不用承担欺骗的责任了，因为他已经事先告诉女人他很坏了，女人要再跟自己就是女人的事了，与他无关。所以，男人说自己坏，往往是种逃避责任的说法，是为自己后来的坏铺了路，为将来甩了女人做准备。

当男人说“我是个坏男人”时，就等于告诉女人：“我不会对你负责任的，你愿意和我好是你的事，将来后悔可别找我，我已经告诉你我很坏了。”这等于是把“丑话说在前面”，为自己将来的混账行为埋下伏笔。

当然，也有些是特殊情况。第一种情况，当一个男人遇到挫折的时候，在心情很坏的情况下会说自己“很坏”“很失败”之类的话，这是正常现象，并不能说明什么。第二种情况，这个男人不想跟你在一起，但又怕直接拒绝会伤你的自尊，所以他会用“我很坏”来吓退你。如果你仍然不死心，他们就会明确地拒绝你，总之是不会跟你在一起的，这样的男人可以用“不擅表达”来形容，算不上坏男人。但如果一个男人在没有跟你交往又想跟你交往时就明确地这样说，那就很有问题了，绝不是一个好男人。

所以，女人一定要警惕，当男人说自己坏时，可能是一个极大的阴谋，日后你要是捉奸在床，他要是移情别恋，都可以用这句话来为自己保驾护航。女人也不要认为自己可以改变这个男人的坏，男人坏就是坏，他们之所以承认，就是不想改变，不想被束缚，不想停留在固定的女人身边，不想为她们负责。看了这些，你还在为坏男人痴狂吗？你真觉得他们值得你爱吗？聪明的女人，一定知道如何对待这样的男人。

只约会，不表白的男人

对于那些每个周末都跟你约会，却迟迟没有表白的男人，女人往往都会想“是不是怕我不喜欢他，他才不敢表白呢”或者“只是没有表白而已，其实我们已经是恋人关系了”或者“他是不是在等我先表白呢？”

但是，男女交往时，需要确认彼此的想法，并且公开“这是我的爱人”，这是不可或缺的步骤。如果缺少这个步骤，就很容易遇到进退两难的情况。不管女人如何相信男人，都难免发生男人对女人说“我已经有了心爱的女人”的情况。

还有些更坏的男人，甚至会跟女人上床，但却从不表白，这就说明这个男人只想玩玩那个女人而已，并没有进一步发展的打算：“你不值得我去爱，你配不上我，所以我们就持续这样的约会吧！”虽然他们像恋人一样交往，但没有任何责任和负担。在这种情况下，如果女人希望正式和男人交往，那么男人就会抓住女人的弱点，若即若离。

如果女人不幸遇到这样的男人，就果断地离开吧，因为每个女人都有足够的资格结交能对你山盟海誓的男人。

识破男人的欺与骗

对于男人来说，说谎仿佛是一种他们与生俱来的能力，他们可以不费吹灰之力地说谎同时又轻而易举让人相信。当然，他们也并不全是恶意的谎言，有些只是爱情的套路。不过，不管男人的谎言是否是善意的，女人都应该懂得识别，不然很有可能被玩弄感情。

那么，女人该如何识破男人的谎言呢？

行为上

其实90%的谎言都伴随着身体语言，身体语言就像罪犯的指纹，总要留下欺骗的痕迹。

首先是眼神的反应。通常的看法，我们会认为一个人如果眼神游移不定、目光转移就是撒谎，因为我们会假定这个人在撒谎的时候会心虚，所以眼神就会出现逃避行为，会内疚，所以眼神就会看向别处，而不是当事人。但其实事实并不是这样，有些撒谎的人的确会出现眼神漂移的情况，但是有些撒谎的人会盯着当事人看，凝视的出现有一种控制对方的效果，他是想用这种方式来告诉对方，自己讲的是真话。

另外，你知道别人撒谎可能会有眼神漂移的行为，那么撒谎者他也可能是了解这个的，所以就会本能地做与之相反的动作，来证明自己是诚实的，所讲非虚。另外，转移视线有可能是他在思考，这是此时可能出现的一种自然反应，而不能说明就是在撒谎。所以眼神方面要注意的是，他盯着你看。另外一个被误解的撒谎动作是眨眼过快。通常情况下，一个人正常的眨眼频率是每分钟20下，但是当他大脑处于高度思考状态，或者是神经过于紧张、压力很大的时候，也会有眨眼频率过高的情况出现。所以，如果他眨眼过快，频率过高，不一定就是在撒谎，也可能是他感觉到面对的压力很大。

除了眼神的表露外，撒谎者还会有一些其他的配合动作。这些动作就能比较明显地说明这个人到底是不是在撒谎。

通常情况下，一个人撒谎次数的多少其实和他的撒谎心理成熟度并没有太大的关联，最重要的是他撒的谎是不是关系较大，影响较重，也就是说这个谎言是不是很紧要。如果不是很紧要的谎言，即便是一个人经常撒谎，当他第一次撒一些大谎的时候，也会很紧张，这时候他会很不安，很焦躁，手部会出现一些很不自然的动作。比如他可能无意中搓自己的手掌，或者是挠挠头皮、摸头发都有可能发生。但是如果这个人经过很多次类似的事情，他就会很适应这种行为，也就是说，他已经知道人在撒谎的时候会有一些手部的动作，而且这个时候的心理素质也变得更好了。所以当他在撒谎的时候，表现的不是更不安，而是更安静，比平时安静。如果出现这种情况就能说明他在撒谎，而且已经是撒谎的高手。

眼神和手对撒谎者而言，时间一久，就能处于他们自己的思想意识控制下，所以如果单从这两个方面进行分辨，难度会比较大。不过除了这两个部位的一些细小动作外，人在撒谎的时候身体的其他部位，也是有些很细微的反应的。比如说脚，还有腿。一般这个时候人的双脚或者是腿会有一些很细微的动作调整，这个调整当事人自己是不知道的，纯粹的无意识动作，这个很小的动作就能将他们自己出卖。

撒谎者在撒谎的时候，还会经常出现一个动作，就是“捂嘴”。发生这种情形时，看起来好像是撒谎者非常警惕地捂住了欺诈的源泉。他假定，如果人们看不到他的嘴，就无法知道，谎言来自何处。“捂嘴”的动作很多，包括从用手完全掩住嘴巴，用手支住下巴，到一根手指悄悄摸一下嘴角。通过把手放在嘴上或靠近嘴巴，撒谎者表现得像个罪犯，他无法抵挡回到犯罪现场的诱惑。而这正好和罪犯一样，因为手的动作把自己暴露给了观察者。在任何时候，别人都能知道，摸嘴是企图掩盖谎言。

另外，还有一个摸嘴的替代行为，就是摸鼻子。通过摸鼻子，撒谎者体会到了掩嘴的瞬间安慰，又不用冒险把人们的注意力引向自己的所作所为。在这个动作中，摸鼻子是掩嘴的替代行为。这是一个鬼鬼祟祟的身体语言，看起来好像某人在挠他（她）的鼻子，但他（她）真正的目的是掩住嘴。当然，也有观点认为，摸鼻子是欺骗的标志，但是这个动作和嘴没有关系，他们指出，人在撒谎时，鼻子会充血，通过摸鼻子或擦鼻子，这种感觉能够得以缓解。

人在撒谎时，有时还会发出暴露自己真实情感的微观身体语言。比如说，有个人在讲述一个故事，关于他如何从一栋着火的房子中突围的故事。给人的印象是：在这场事故中，他完全控制了局面。他在讲述这个故事时，脸部一直很镇定。但是突然间，他的表情变了，变得害怕，紧接着又恢复了先前的镇定。

如果你观察到了这些，又对微观身体语言一无所知，可能不会注意到刚才发生的事情，而且几乎可以肯定，你觉察不到那短暂流露出的恐惧。对于训练有素的观察者来说，这个微观身体语言是非常有用的信息，可以据此判断那个人讲述的故事的真假。它将表明，他试图给人这样的印象——他一直控制局面，但是在那次事故中，他感到了巨大的恐惧。

语言上

尽管男人说谎时，常有不由自主且固定的小动作出现，但事实上，谎言的最佳提示，还是要从他们的言语而不是行动中寻找。

迂回陈述：撒谎者往往拐弯抹角地说话。他们常常离题万里，提供冗长的解释。但是当被提问的时候，他们可能提供简短的回答。

泛泛而论：撒谎者的解释往往是粗枝大叶，很少注意到细节。他们几乎不提时间、地点和人们的感受。比如说，男人告诉你，他要去吃比萨，但是他不会告诉你，他去哪儿吃，或者他要了什么口味的比萨。即使他们提供了细节，也几乎不能详细地说明这些细节。所以，如果你要求一个撒谎者做详细说明，他很可能只是重复刚说过的话。一个说真话的人被问到同样的问题时，通常能够提供很多新的信息。

施放烟幕：撒谎者提供的答案往往故意把水搅混淆：它们听起来好像一清二楚，实际上一塌糊涂。说到没有意义的言论，有一个例子是被控制逃税的纽约市前长大卫·丁金斯的辩护词：“我没有犯法，我只是没能按照法律要求的去做。”

矢口否认：有些男人的谎言往往以矢口否认的形式表现出来。比如妻子问丈夫：“你去过她家吗？”“不，我没有去过她家。”这样矢口否认，表明了这个男人极有可能在说谎。

斟词酌句：撒谎者很少提及自己。与讲真话的人相比，他们使用我的频率低得多，而是频繁使用诸如总是、从不、没人、人人等词，借此在精神上使自己远离谎言。

免责声明：撒谎者更有可能使用诸如“你肯定不会相信这个”“我知道这听起来很怪异，但是”“我向你保证”之类的免责声明。类似于这样的免责声明，是专门用来认可别人的疑心的，目的在于减少别人的疑心。

时态：撒谎者没有意识到，他们有一种倾向，就是加大他们与他们所描述的事件之间的心理距离。而他们这样做的一种方式就是上文提到的“斟词酌句”，另一方式是使用过去时，而不是现在时。

语速：撒谎需要大量的智力工作。因为除了评估自己谎言的可信程度外，撒谎者还要将真相和谎言分开。这对撒谎者的能力有很高的要求，使得他们把说话在速度放慢了。人们之所以在撒谎前要停顿一下，之所以撒谎的语速往往比讲真话的语速慢，原因就在这里。当然，如果谎言被小心翼翼地排演过，情形自然不同。在这种情形下，撒谎的语速与讲真话的语速是没有区别的。

停顿：撒谎者撒谎时多有停顿，某些停顿充满了“嗯、嗯、啊、啊”的语言顿字符。编织自发的谎言时涉及的认知工作也会导致更多的语误、口误和开口错。在“开口错”中，人们刚说出一句话，然后再用另一句话取而代之。

音高：某人声音的高低，通常是他们情绪状态的指标。因为，一旦人们心烦意乱的时候，音高就会增加。情绪与音高紧密相关，当人变得情绪化的时候，音高就会改变。音高的改变是很难掩饰和隐藏的，尽管音高的增加相当稳定，有时候增加很少，但通常有必要在听过某人在其他场合的发言后，再来确定他的音高是否增加了。

2 女人心，海底针

男人常说："女人的心如同海底的针"，其意很明了，由于天生的性别差异，大家除了要遵循一个共同的约定俗成的行为模式外，必然还会有各自不同的行为方式。所以在日常生活中，我们常常会遇到男人对女人的一些言谈举止不太理解甚至认为是异常的情况。其实，这只是女人在用自己独有的思维行事。

全世界女人都有的性格弱点

男人的性格界限很容易被人看得清楚、明白，要么坏得流脓，要么好得神圣，要么自卑得没有抬头的机会，要么狂妄得不可一

世……相比较而言，女人却很难被人看得清楚、明白。传说中女人是多变的天使，女人的前面有一张温柔善良的脸，在她的背面有另外一张阴狠恶毒的脸，所以，女人有时是天使，有时又是魔鬼，她的内心总是在经受着魔鬼与天使之间的战争。

那么，女人有哪些性格弱点，又要如何一一攻克它们呢？据说，全世界的女人都具有以下的几个弱点：

妒嫉

生活中，有些女人看到别人比自己长得美丽，看到同事比自己受领导重视，看到朋友的工作比自己的好……就会抛出敌对眼光，真是应了“吃不到葡萄就嫌葡萄酸”这句话。女人为什么会敌对呢？原来是她们的心理在作祟。她们对自己的希望与目标给予了过高的期待，努力拼搏却被伤得体无完肤，付出汗水却一无所获，最后让自己沉寂在悲观沮丧的世界里。正是因为女人心里不安于现状，始终沉迷于对更高层次的追求之中，所以她们的心才会越来越不平衡，产生敌对心理。女人的敌对的确能够让她上进，但是过分地敌对，却成为女人致命的弱点。你自己决定你的苦与乐，作为女人，不必患得患失，也许别人拥有的你没有，反之，你所拥有的（正是别人苦苦寻觅的）别人也无法拥有。不必敌对什么事物，无须艳羡别人，无须抱怨环境，你只要朝着自己乐于追求的方向去追求，成功与快乐终将属于你！

多愁善感

生活中，我们周边不乏这样的女人，她柔柔弱弱、楚楚可怜，逢人便有意无意地诉说她的伤心往事和所受的伤害。大凡女人伤心多数为情所困，没有爱的女人，做女人有所缺憾；没有伤的爱又似乎不完整，既然想要爱得完整，对于想起或忘记、爱过或伤过的人时，何不一笑而过呢！爱情中，女人多愁善感，很容易使另一半儿远走。因为，他认为自己对让心爱的女人从过去的阴影里走出来无能为力，与其不能给自己所爱的女人快乐，不如选择放手，让她去找寻可以带给她快乐的人。

工作中，女人多愁善感，很容易被淘汰。因为，这是不适应环境、没有能力的表现，老板找你来是要你做工作，而不是整日对着你的愁眉苦脸。可见，女人多愁善感要不得。每个人都会有不幸，仅仅因为一次小小的失意，就把自己交给了命运，实为不可取。看看那些身体有残疾的人，他们依然活得光鲜亮丽，活得灿烂夺目。

不知足

女人总是喜欢用幸福与不幸福来衡量自己的快乐程度。无论是叱咤风云的女强人还是粗茶淡饭的平常女子，无论是饱读诗书的学者还是万众瞩目的明星，都或多或少地有患得患失的感觉，她们对自己的定位模糊，感觉前途渺茫，她们对自己及自己的幸福是十分苛刻的，不允许有一丁点的缺失。她们看到张三有个能赚钱的老公，李四有个很好的工作，王五有个漂亮聪明的孩子，赵六的老公给她足够的自由……这些别人身上的闪光点都有可能引起自己的沮丧与颓废。究其原因，是女人对幸福的误解，幸福源于生活的点点滴滴，一次升职、一顿可口的饭菜……每一个小小的感动都在诠释着幸福。

在自卑与自傲之间游离

如果有人问你："对于女人，自卑与自傲哪个更要不得？"你会怎样回答呢？自卑女人在做任何事之前，先否定自我，她们压抑自己的情绪，做事情畏首畏尾，从不去追求新鲜事物，即使有新的挑战，她们也会用能力不行、学历不高当作借口来阻碍自己的前进，她们有着极强的自尊；自傲女人常常盛气凌人，随时随地张扬自己的喜好，空洞地放纵自我的某种优势或虚构一种优势感，因此，经常招至他人的抱怨。可见，女人既不应该自卑也不应该自傲，而是应该做一个举止言谈得体、自尊自强地面对多变世态、能够把握自己性格与心理、遇事能坦然处之的从容女人。

思维定式

生活中不乏这样的女人，当她们遇到问题时总爱找别人的原因。如在工作上，女人认为自己很少和上司沟通，上司对自己一定恨之入骨，所以在职场上的失利，她不会考虑是自己的技术水平问题，而是上司对自己有偏见。女人总是按照这样的一个思维模式运行，缺少主观的创造性与尝试新鲜事物的勇气，她们认准了自己以往经历所总结的经验，以及来自长辈与朋友给予她的言传身教，一如既往、按部就班地生活着。当一个女人能够勇于跳出固有的思维，她就会用一个理智、客观的全新思维来接受新思想，来调整自我，她不但会看到许多别样的人生风景，甚至有可能创造新的奇迹，获得更大的成功。

唠叨

提到女人的唠叨，真可谓是历史久远！它不会因时间、空间、国界等的任何事物而被限制。有人认为，家庭中的女人要是不唠叨、对一切都漠不关心，就说明她根本就不重视这个家庭，因为只有她在意的时候才会唠叨。而女人却会愤愤不平地说："家是避风的港湾，是夫妻的安全岛，除了一日三餐是必需的，哪还有热恋时的甜言蜜语，男人不说话，还不让我们女人说说话吗？要是我不说话，家里会少了多少乐趣呀！"其实，唠叨并不是女人的专利，男人也唠叨，只是唠叨在女人身上表现得比较突出罢了。女性同胞可以变唠叨为一门艺术，给它的内容镀上一层金，把唠叨提高一个档次，让唠叨也变得有品位。唠叨有禁忌：一忌：不说伤感情的话语。二忌：不在他情绪不好的时候唠叨。三忌：不当众唠叨他，不说有伤他自尊的话语。四忌：唠叨要适度。

多疑

有些女人，放着好好的生活不去享受，偏偏喜欢钻牛角尖，做事情瞻前顾后，对自己的地位、爱情、环境，甚至是别人对她表现出来的友好都要表现出怀疑。而女人的多疑大多体现在爱情与婚姻中。英国哲学家培根说："多疑之心犹如蝙蝠，它总是在黄昏中起飞。这种心情是迷陷人的，又是乱人心智的。它能使你陷入迷惘，混淆敌友，从而破坏人的事业。"爱情中，女人多疑就会对婚姻过分挑剔，迟迟不婚。工作中，女人多疑就会让成功付之东流。生活中，女人多疑就会使友谊之树长满蛀虫。摆在她面前的生活，越来越狭隘、阴暗、闭塞。在心理学上，多疑是一种病。不仅会影响自己的正常生活，还会给社会及工作带来不良影响。所以，女人不应该让心理的障碍缠住自己的手脚。把关注别人的眼光、在意别人的看法转移到你的生活目标上，这样也可以使你减少一些人生的遗憾。

没有信念

大部分女人都为恋爱、金钱、健康、工作、人际关系而痛苦，这些都是和自我的信念有关，如果你坚信自己能成功你就能成功。不成功的人千姿百态，而成功的人却有一个共同点，那就是拥有信念。遇到困难与其怨天尤人，不如拾起信念勇敢地去面对。女人，给自己一个信念，也是给自己一个希望，明天的铿锵玫瑰将会更妖艳！

女人的性格中有这样或那样的弱点，但是只要你意识到并努力克服它、淡化它，那你离幸福的彼岸也不远了。

帮理性的男人解读感性的女人

“男人更理性，女人更感性”，这个观点几乎没人质疑。女人大都觉得男人死讲道理，而男人大都觉得女人过于情绪化。

其实，这些都只是因为彼此的思维方式不同而已，并非谁比谁更怪异。如果男人只站在他的理性上处理问题，而女人也只站在她的感性上处理问题，那么，男人和女人，谁都不理解谁。男人和女人最好的相处方式，就是都用对方的思维模式来理解和沟通。

对于男人来说，你要了解女人，就必须了解女人的感性心理。一般来说，女人的感性主要体现在以下这4种心理上：

第一种心理：女人都赶流行

女人为什么喜欢追赶流行呢？女人赶流行没有原则，连女人自己可能都不知道她为什么要那样做而不是另一种做法。当她看见一种好的风格，心里会默默地拿自己比较，“我一定适合它”或者“它一定不适合我”的想法不知道从哪里就冒出来了。如果硬要为女人的赶流行寻找一个理论的话，那一定是女人的好奇心作的怪了。每当女人遇到新的事物的时候，她便忍不住心动而马上行动，看到一件漂亮的裙子，或者一款流行的包包，女人不由自主地就会将它想象成在自己身上。女人喜欢自己穿得漂漂亮亮地出去，而别人或羡慕或称赞的眼神就是对她最有效的报答。

第二种心理：女人总是只记得无聊的事

女人们常常清楚地记得许多芝麻绿豆大的小事，其记忆内容之精细往往令男人们惊叹不已。女性为什么对这么多无关紧要的琐事记忆深刻呢？

心理学家研究发现，女性之所以善于记忆琐事的原因有三点：一是女性的“机械式记忆力”较男性优越。其次，由于大社会环境对女性的限制，令女性的生活空间无形中受到非常大的限制；男人可外出工作，周旋于不同的人们之间，又是开会，又是出差等等，生活复杂而多样，相比之下，女人的生活简单了许多，家庭是她们最常出现、活动的地方。第三，女性有一种特有的习性：珍视过去，容易怀旧；习惯随着感觉走，只想记住自己印象深刻的事，不管它是大事还是小事。

第三种心理：女人生性好幻想

若问，女性与男性间，究竟是谁的想象力比较丰富？答案当然非女人莫属。为什么呢？

因为女性的直觉能力天生较逻辑意识更优越，同时女性也比男性更喜欢更珍视自己的内心世界。男性所具有的妄想、空想的翅膀，就如同鸵鸟的大翅一样沉重，飞不了多高多远，而女性则往往不费吹灰之力就能来个思想上的跳跃，随着直觉飞到梦幻的世界中飘浮。

其次，在我们的社会里，女人比男人有更多的闲暇可以发呆，这么说并非贬低女性，而是基于天性使然，女性即使再忙也会让自己的心思偷着飞扬起来。或许她们的双手是忙碌的、身体正在不断地移动当中，但她们的"心"是自由的，足以自主地悠游于梦幻的世界中。身体的疲累并不会剥夺一个人的想象力、创造力，但如果"心"被捆绑住了，便再也飞不起来了。

最后一个可能的原因是备受压抑的女性既然无法如愿在现实世界中实现自己的欲求，自然她便会在想象的世界中寻求更多的发泄，借此自我满足。

第四种心理：女人的直觉特别敏锐

两性相较，男性优于逻辑性的思考，而女性则对直观独具慧眼。女性们根本不理会所谓的逻辑推理，反而珍视一瞬间闪现在脑际的印象，哪怕只是一个眼神、一瞬间的表情、言语的抑扬变化，她都不会轻易放过。

女性的活动范围比起男性受到比较多的限制，女性的日常生活不仅单调，内容也较为单纯。她们不像男人，口袋中的小记事本永远写得满满的，总是有做不完的事。故而，女性只得把注意力集中在一件事上，并几近自娱地把某件事与其他现象之间加以联系，长此以往，她们对相近、类似、断续的事态也自然甚为敏感。

3 “动于中而形于外”的两性情感

心理学认为，人的情感是“动于中而形于外”，就是说，爱、恨、忧、怨、喜、怒等情感，完全是人内心体验，而这些情感，又总是要以一定的外在形态表现出来的。

他（她）到底爱不爱我？

爱情是双向的。我们爱一个人，还应了解对方是否爱你，只有爱你的人，才愿意接受你的爱和你的选择，否则，贸然求爱，准会碰钉子。

要了解对方是否爱你，就要先观其形，然后方知其心。具体可以从以下几方面去观察了解：

（1）对方是否常有意和你在一起；或常找某种借口和你接近，而且和你在一起时，总是显得很愉快？

因为大多数人不会在没有得到对方的好感时就求爱，尤其是女性，更是羞于直接表白心迹，往往会采取含蓄的形式表露对异性的好感和喜爱，找借口接近，将因为喜爱而主动接近的动机掩盖起来。

（2）收到你的消息后，是不是很快回复并认真作答？

如果你是他（她）的意中人，本来他（她）就主动找机会接近你，见到你的消息，哪怕再忙他（她）也会抽出时间及时回复，并一定会对你的要求或提出的问题（除非是难以回答的）认真做出回答。

（3）是不是经常关注并问及你的动态？

“上星期天你干什么了？”“这个周末，有什么活动吗？”……只有把情感放在一个人身上，才会关心他的动向，因此，如果对方经常问你诸如此类的话，那说明，他（她）已经对你付出了情感，也许还正在希望你邀请他（她）参加你的活动。

（4）是否留心你随意说的话或表露的喜好？

如果你随意说出的话，对方便记在心里，并时常提起，设法满足你的喜好。那只能说明他（她）喜欢你，才会对你说的一切都感兴趣。

（5）在兴趣方面，是否有同你接近的趋向？

你感兴趣的事，对方也努力参加，并表现出热忱，这说明他（她）是在主动适应你，为了缩短同你在兴趣爱好方面的距离。因为投其所好，正是打动人心的最佳方式。

（6）是否记住你的生日，并在生日时表示祝贺，或送与你喜欢的礼物？

尤其是你没有主动告诉过对方你的生日，可他（她）却在你的生日时，表示祝贺或赠送你喜欢的礼物，就说明对方对你的一切都很关注，同时积极寻找各种机会引起你的注意，并表明对你的关心。

（7）对方是否乐于帮助你？

如果每当你需要帮助时，总有一个人默默地出现在你面前，毋庸置疑，这个人一定是时常在关心你，希望通过帮助你，而获得你的好感。

（8）是否对你的各种变化很敏感？

不管是你的服饰、发型还是其他变化，对方总是很敏感，并发出赞美的评价，“这件衣服真漂亮”“这个发型更适合你”等等；或者有时纽扣掉了，他（她）也会提醒你。这些也是关心你的表现。

（9）是否乐意将你介绍给朋友和家人？

如果主动将你介绍给朋友、家人，说明你在他（她）的心目中有很重要的位置，而且有较深的感情，所以，他（她）才乐于向朋友和家人介绍你。

（10）是否很想了解你的家庭情况？

一个真正对你有好感的人，必然也会对你的家庭有兴趣。当然，他（她）也更想通过了解你的家庭情况，来进一步加深对你的了解，同时也是在向你暗示他（她）对你的关心。

如果你爱的人，有以上种种迹象，那么，别怀疑也别犹豫，尽快采取行动，选择适当的时机，向对方表露自己的爱心，敞开你的心扉，那么，你一定也会收到同样的回应。

恋人分手前的五大信号

两个人在一起时间长了，如果一直磨合的不好，是不能长久的在一起。一直出现感情问题，有一方就会容易有分手的欲望。看看分手前的这些信号，你们中了几个？

信号一：玩失踪

恋人突然“失踪”的理由只有一个，那就是：“我们已经结束了，我们之间不存在任何关系，我想马上和你分手！”因为要面对面地分手可能需要找各种理由，因此他们干脆选择“失踪”。他们会认为，只要自己有反常的行为，对方就会明白自己的意图，而自己又没有任何过失。因此，如果你突然无法联络到恋人，或者通话次数逐渐减少，或者对方的声音有些异常，那就应该做好心理准备：那个人正准备离开你。

信号二：工作忙

当恋人因为“工作太忙”而不打电话时，只有一种可能，那就是“我讨厌打电话给你，因为我对你不感兴趣了！”因为一般来说，不能打电话给自己所爱的人的情况是不存在的。因为除非发生了交通事故，或者失去了知觉，或者家中发生了意外，或者因饮酒过多情绪失控……如果不是以上的原因，对方打电话的次数越来越少，或者经常以“工作忙”为借口不打电话，你就应该趁早寻找新的出路了。

信号三：不耐烦

如果彼此相爱，自然会尽量包容。但如果一天到晚说不了几句，对方就开始表现出不耐烦，说明他（她）已经开始不愿意忍耐你的缺点，甚至有点受够了的感觉。比如，“好了好了”“你别说了，就这样吧”“你怎么总这样”这都是很不耐烦的表现。如果你听到对方开始经常跟你说这样的话，基本上是分手的前兆。

信号四：很冷淡

如果对方不再有兴趣对你说甜言蜜语，不再跟你有肌肤之亲，这是一个不好的信号。因为对恋人讲话的方式和相处方式是构成情侣或夫妻关系和谐与否的要素之一。如果你的另一半不再对你甜言蜜语，不再与你调侃逗笑，甚至私底下对你也不再温柔，很少触碰你，更别说在别人面前了，如果对方很长时间都是这样，那麻烦可就大了，不是性冷淡就是你们之间出现问题了，或者说，他有了新欢。

信号五：没话说

这才是最坏的标志。那些整天吵架的恋人反而比有气闷在肚子里的更容易生活在一起。争吵至少表明你还有热情，有勇气真诚地交流。而那种懒散冷淡的默不作声则是最大的分手征兆。事实上，如果愿意，两个人永远都找得到可以谈论的话题，如果经常冷场，说明至少有一方已经意兴阑珊。这和健谈不健谈没关系，心理的变化是主因。

如果对方对你亮起了这些信号，那么就不要傻傻地替他（她）找借口了，自己果断地说分手吧，成全懦弱的他（她），也放过自己。

出轨总会有蛛丝马迹

现代社会，诱惑似乎越来越多，外遇似乎越来越常见，一个打错的电话、一次十分平常的问路、电梯上的礼让、回家路上一丝的微笑……似乎都可能成为外遇的契机。如果因为没有发觉爱人的任何外遇迹象，或是麻痹大意失去了警惕，最后不得不感叹“荆州失守”，痛苦自不可免。

有句俗话说得好：“做贼心虚。”有外遇的人也往往不敢明目张胆地出轨，特别是那些有贼心而没有贼胆的人，往往会遮遮掩掩的。一般说来，如果你的另一半有以下表现，你就要小心了。

性情异常

比如曾经和你恩爱缠绵整天要粘在一起的人忽然变得独立起来；一向野蛮撒娇的女人变得温柔似水起来；本来懒散的男人也突然有了生活情趣。

行为神秘

比如有些电话不能当着你接，手机当宝一样的收着不让你碰；

QQ、微信、MSN、邮箱密码开始高度设密，甚至不愿意当着你的面聊天，或者申请另外的通讯方式等等；有时一个人外出但对行踪不太愿意透露。

相处时间减少

比如经常以工作或以各种缘故为由说忙，减少和你的相处时间；即使在家，也摆着一副不合作的姿态，不是做着家务，就是坐在一旁看电视上网。

突然注重形象

比如，一向带着纯朴自然美的女孩，突然开始追求高档化妆品，还找借口说“自己老了，要跟上时尚”；或者你那一向懒惰的男人突然多了跑步爬山等的健身爱好。

处处挑剔

有了外遇就有了对比。如果爱人突然之间对你诸事不满处处挑剔，你要小心了，这证明他（她）的心中开始装载了别的人。再者，也因为良心的责任，他（她）的情绪会变得反复，想起因为你而不能和对方无所顾虑在一起时，会觉得你面目可憎；但想起你的好时又会愧疚转而待你好。

偶尔发呆

爱人一旦外边有情人，和你在一起的时候就会显得心不在焉。在干活儿时会无精打采，在看着电视的时候会愣神，或者一个人不自觉地偷笑或窃喜，行为举止为外人所不明白，那是因为她心有所思，心有所喜，独自沉醉。也正因为她心有所思，所以也会有健忘的表现，特别是对你的事。

开销增加

沉醉在爱河中的人，活动自然增加，开销自然也会随之增加；再者，除了交际费用，他（她）在衣着打扮上也会倍加注重，这自然需要金钱上的投入；当然，也少不了通讯费用的增加。

极少主动亲热你

爱人会开始抗拒与你亲近，尤其是肉体上，甚至不愿意和你拥抱接吻，在性事上抗拒你，或者把性事看成是苦恼的任务，那么，他（她）百分之九十心中另爱他人了。

……

这些都是爱人要变心最常见的征兆。如果你能见微知著，就能够早早做好防范，做好“爱情保卫战”，为婚姻筑起一道坚固的爱情防火墙！

玩转微表情，职场更有型

1 给面试官也来一场“面试”

任何人在心理发生变化时，都会产生一些细微的，不自主的表情或体态的变化。面试时，面试官就是通过观察你的微表情微动作，从而来判断你的临场反应、团队合作意识、自信心及答题的准确性和可信度，再综合考虑应聘人员在面试中所展现的性格特质，考量是否符合职位需求。据调查，很多应聘者都是在表情和态度应对上出现问题而被遗憾淘汰的。

其实，反过来说，面试官也是人，他也会有各种情绪和想法，如果我们可以捕捉到面试官的微表情微动作，也可以判断他内心的变化。这样就可以规避一些比如说了面试官不喜欢的内容，就可以尽快停下没意义的内容，或者转移话题。

面试官假笑时

假笑，只是一种出于需要保持礼貌的表情，但其情绪则是下降的。如果你发现自己在讲述某些内容的时候，面试官嘴角微微上扬，眼睛向下看，很可能是你说的内容让他无法信服。这时，你就要赶紧调整内容，如果确实有虚的成分在，最好赶紧收起来。

面试官眨眼时

频繁眨眼，往往是因为人听到了自己不感兴趣的话。不信你可以自己先试试，当你认真听某个内容的时候，眨眼的频率会下降很多，但如果你听到了完全没兴趣的内容，就会频繁眨眼。如果你的面试官出现了这个情况，十有八九是你有点啰嗦或者话题很无趣。那么，最好的解决方法，就是尽快将现有话题收尾，而且不要尝试补充内容，除非你能够很快调整。

面试官摸鼻子时

有时，你会发现面试官还有这样一些小动作，比如频繁地摸鼻子、扬眉等。其实这里也暗藏着他们的心理变化。尤其是当你们正在谈到一些涉及你的薪资、待遇、岗位工作内容时，面试官做出这些小动作，很可能是他没说真话。这时，如有必要，你最好是详细询问关键问题，以保证自己的权益。

面试官抱胸时

交叉抱胸，这种手势一般有抗拒、抗议的意义。这一般是男面试官会常做的动作。女面试官这时往往是将单手背后，或插兜，但表示的意义是一样的。如果你发现面试官做出了这样的手势，就要注意你正在讲述的内容了，一般来说是内容过于炫耀，这才引起了对方的不满。

面试官打哈欠时

面试官打哈欠，要么是他对你的内容感到困倦，要么是本身面试的时间被拉长，造成了对方的疲惫。这时，你不妨尽快讲完当前的内容，并保持微笑询问："您看起来挺辛苦的，要不我们再约时间？"一般面试官都会保持礼貌，并努力地让自己清醒，同时给你加分。

当然，我们自己则更要注意用好微表情，因为这很可能决定着你的面试成功与否。一般来说，下面这些都是应聘人员在面试时常做的消极微表情，你最好规避一下。比如：说话时单肩耸动或抿住下唇，表示对所说的话极不自信；咬指甲，是缺乏安全感；手指摩擦手心，为焦虑；手插口袋，眼睛左顾右盼，不敢直视对方，表示紧张害怕，对自己没有信心；抿嘴唇，挠头，表示窘迫紧张，不知所措；常扶眼镜等小动作，或把玩领带项链等，若作为开发研究类思考性工作则无所谓，但若作为销售等职位，则有可能显示自信不足，心神不宁。

2 练就与各类同事愉快相处的本事

但凡工作就会关系到很多协作对象，因此能否处理好与同事之间的人际关系，是关系一个人工作能否顺利进行的关键要素。而和各种同事和睦相处的方法之一就是知己知彼，了解对方是什么样的人，才能采取相应的态度来对待。这，自然也需要微表情心理学上场了。

办公桌是一个人的“形象代言人”

当你走进一个新的办公室，看到每个人都在忙碌的工作，似乎没有人会意识到你的存在，你能看出这平静背后的暗潮汹涌么？因为每个人都在忙碌，我们没法通过言谈了解对方，那么我们如何知道每一个同事的所思所想呢？

其实有一个突破口——办公桌。办公桌是一个人的长期“形象代言人”，一张办公桌就如同人的一张脸，从桌面风格就可以看出这个人的个性和对生活的态度。什么样的办公间往往会给人留下什么样的印象。

一家公司的高级职业顾问就说过：“一个企业员工的办公桌上的摆设通常能够反映一个企业的企业文化和员工工作能力及状态。一般来说，逻辑思维能力比较强，同时具有较强的全局观，工作办事有条理，要求工作效率的员工，他的办公桌上摆设物比较少。他们即使有一些物品摆设，也只是摆设一些和工作紧密相关的办公用品和文件档案，而且通常这些物品摆放得非常有条理。而那种比较感性的员工桌面摆设就显得个性化了，甚至还有一些个人生活用品、亲人照片等。”

如果一个人把自己的办公桌收拾得干干净净、整整齐齐，桌面上所有的东西都排放得井井有条。通常人们看到这些人的办公桌都会发出这样的感叹：“如果我的办公桌也能够像这样就好了。”那么这样的人一般比较重视秩序，做事能脚踏实地，是值得我们信赖的人。因为这些人有较强的毅力，做事也比较稳妥，而且能把工作安排的有条不紊。

如果一个人总是把自己的办公桌弄的杂乱无章，这种人一般会给人一种非常忙乱的感觉，甚至让人觉得他正在疲于应付自己的工作。其实这种人也并非一无是处，他们大多数反应速度很快、头脑比较灵活，有的还很善于口头表达，这些人非常适合策划一些短期项目或者处理一些工作中的突发事件。这些人大多喜欢追求自由，乐意用实际行动来证明自己的实力。

如果一个人能把种类繁多的文件收拾得整整齐齐、分门别类，摆放得非常合理而且有逻辑性。即使他办公桌上的东西再多，你也很容易在一大堆文件中找到你想要的东西。这一类型的人不仅能执着追求，他们还有敏锐的目光，经常能一眼洞察自己或别人在工作上的一些缺点，因此他们比较欣赏一些有能力的人。他们每天都会斗志昂扬，因为喜欢挑战，甚至会挑战一些权威。

如果一个人的办公桌上有很多个性化的东西，比如自己的照片、自己喜爱的饰品、个人作品等代表一个人个性的物件。一张个性鲜明的办公桌就这样成了他个性的延伸，也成了他展现自我个性的道具。这些用自己对办公桌独特的摆设告诉着别人：“这是我自己的桌子，绝非其他人的。”这些人一般很热情，工作也很有活力，属于大家喜爱的类型。他们很少在意个人利益的得失，而更加在意别人对自己的看法，在意是否受到别人的青睐和信任。他们非常注重与人和睦相处，通常被人们公认为“热忱的理想主义者”。

字迹是一个人的第二张“脸”

人们通常都说“文如其人”，其实字也一样，是人的第二张脸面。从字迹书写的形态、倾向、风格等方面，可以简单了解他们的性格特征，是圆滑还是倔强，是柔和抑或是刚正，品味一个人的性格。

尽管现在手写的机会不多，但在工作中，还是会有需要写字的时候，比如签署文件、快递签字等。如果有机会看到同事的字迹，就可以一窥他的内心世界了。

从字的形态来看

圆字形的人，做事往往会勇往直前、干劲十足，起带头作用，推动事情向前发展。此类人待人接事也会像其书写的字一样比较圆滑水润，很受别人欢迎，且性情随和，善解人意，通情达理，重感情，性格坚韧，社会现实适应性强，为人处事采取中庸之道，做重大决定时常常犹豫不决；

字体方正的人，会稍有守旧之感，一转一折会讲求拿得端行得正。这些人坦诚率直，却也异常倔强，但心地善良，办事中规中矩从不莽撞急躁，他们心中有数。但性格中因循守旧成分居多，不懂得变通也不愿接受新事物，认死理儿，做事通常会按部就班。

从字的大小来看

字体大的人，对事情有自己的独特看法和见解，此类人性格较为开朗爽快，最厌烦做事拖泥带水，但这种爽快的做法同时会使他因草率而做错仓促决定，带来负面效果。喜好表现，总是以自我为中心，常常忽略周围的其他人感受；

字体小的人，往往似水温柔，为人体贴，能很周到的照顾别人，且异常善解人意，他们通常不喜欢被别人注意、谦虚内敛、朴素羞怯、十分注重细节。他们的情绪受外部环境影响很大，且非常在意周围人对自己的看法。在处事方面会显得缺乏信心，懦弱自卑，不够爽快达意而长驱直下，因此会因为性格上的弱点而阻碍事业和工作的发展。

从字的倾斜角度来说

字体向左歪斜的人，思维往往很敏捷，此类人与生俱来对阅读有所偏爱，喜欢摆事实讲道理，沿袭书中套路，事事总要对错分明，爱较真，自认为不合理的事必定不接受，是不能融会贯通、固执己见的人；

反之，向右歪斜的书写者，却有着天马行空的想象力，爱做白日梦，若从事设计行业会凸显其天赋，否则花花绿绿的创意便付之东流，毫无用武之地，还会被说成异想天开；

字体垂直的人，更倾向于注重实际，头脑清晰、思维理智是他们的特点，此类人思想上很独立自主，不依赖别人，一旦做出决定，从不轻易改变，给人感觉冷漠，情感反应不强烈。

从写字力度上看

写字力度大的人，性格较为刚烈、强劲、勇猛，其中略带粗鲁，做事有些一根筋，正误分明，有时会对不平之事强出头，正义感强烈；

力度轻的人，性格上会表现较为懒散，做事慢条斯理，喜欢拖拉，遇到变迁会像无头苍蝇毫无主意，方寸大乱，没有主见，且不懂得随机应变，属于受保护型。

从写字风格来看

写字超出框架的人，通常不拘小节，有气量，做事勤恳但有时也会过分勉强和逼迫自己，但这样费时费力的做法却不能都得到良好的效果，往往事倍功半；

笔画夸张，尤其在书写撇勾时，并认为这种笔法是美感的人，做事往往能恰到好处，会表现为将才，有领导能力；

书写潦草且笔画无秩序的人，做事也同样显得不够稳妥，给人比较草率的感觉，他们有时会粗枝大叶，马马虎虎不注重细节，常常忽略一些较为重要的方面，导致工作和生活都出现重大失误。

电脑屏保彰显一个人的工作性格

作为现代社会必不可少的一个物件，电脑，我们生活离不开它，工作中更是必需品。其实，它在便利了我们生活的同时，也在不经意间透露了其主人不少的信息，比如说电脑上最常见的屏保画面，就透露着使用这台电脑的人的工作性格。

自己及家人照片类

有些人喜欢把自己和家人的各种各样的照片设置成电脑桌面，一般来讲，这类人往往伴随有“自我中心”的倾向，在工作方面会带有轻度工作狂的色彩。

可爱动物类

有些人喜欢将小猫、小狗、猴子、熊猫等动物设置成屏保，这类人其实同把自己和家人照片做屏保的人一样，也属于“自我中心”意识浓厚的人，在工作和生活中跟人冲突的机会较多，但通常有压抑自己的倾向。

俊男靓女类

有些人喜欢将自己的明星偶像，或是一些“养眼”的俊男靓女设置成屏保画面，这类人往往心理年龄较小，在工作方面会很有热情，但情绪经常大起大落，比较情绪化。

怡人风景类

有些人会将绚丽迷人的风景照片作为屏保画面，一般来讲，使用此类屏保的人能够保持较好的工作节奏，而且拥有较好的人脉资源，能够很好地处理家庭与工作之间的冲突。

卡通漫画类

还有人喜欢选择卡通漫画类作为屏保，这类人一般比较怀旧，拒绝成长，也很容易被别人的评价所左右，但如果他们所从事的是创意性的工作，往往很容易爆发超越常规的创新想法。

恐怖画面类

把屏保设成恐怖画面，这样的人比较少，但如果你的同事恰恰是这种人的话，说明他内心缺乏安全感，比较悲观，极度敏感，工作业绩经常大起大落，也没有什么知心的朋友。

整人恶搞类

选择将整人恶搞类图片（如碎屏）做屏保的人，往往为人处事比较圆滑，不太招人喜欢。在工作中，他们常常不按常理出牌，不按规则办事，常常挑起事端，缺乏敬业精神。

原版配套类

有些人会采用Windows原版配套系列作为屏保，这类人一般比较因循守旧，不喜欢冒险，比较理性，工作上也非常严谨，但有时会显得缺乏创意。

没有屏保类

还有一类人是没有屏保，这样的人往往也没有明确的工作目标，做事随意而为，事先不做周密安排，缺乏自我保护，常常显得盲目乐观。

座次中暗藏着人脉和格局

在几千年的文明发展中，中国形成了自己的文化体系。在众多的文化中，讲究礼仪占据着重要位置。谈话座次要有主次，就餐要有主宾……现代礼仪有了一些变化，不是苛刻但是更加繁多了。当走进会议室或者就餐时，你可能会发现这些座次中的秘密，从中你也可以看出许多端倪。

以一个长方形桌子为例，你坐在长边角的一侧，观察其他人选择的位子就可以大概了解你们之间的真正关系了。

选择与你斜角面坐的人

你与他对着聊天，常常是气氛轻松、平和，但不是很亲密。也许互相的印象都很好，却有明显的距离感存在，这是第一次见面的人常选择的位子。

选择与你面对面坐的人

桌子形同是一道边墙，将两人一分为二，产生一种对峙的感觉。选择这个位子的人是想要平等、慎重地和你谈话，而且很可能想要说服你。所以，通常国际谈判的席次安排，坐在你面前的人即是职位、权力和你平等、平起平坐的谈判对手。

选择短边与你挨着坐的人

这是一个既可充分沟通又可拉近彼此距离的座位。这也是许多聪明的推销员向客户推销产品时常坐的座位。推销过程，他们还不忘适时倾身向前合理侵入客户的私密领域（例如借口展示产品细节，使两人更靠近），增加对方的信息感受和亲近感。

选择与你同坐一侧的人

代表与你亲密度高，交情匪浅。可能是站在你这一边，尽力配合、协助你，和你并肩作战的盟友，或可以共患难的死党。捭阖相见的场合，双方壁垒分明，和自己一阵营的盟友即坐在你的左右侧。

选择坐在短边另一侧的人

明显抱着逃避、退缩的态度。如果是在餐厅中，这个人很可能是在其他桌找不到位子，临时凑过来拼桌的客人。与你在餐桌版图上巧妙地维持“互不侵犯”私人领域，脸朝的方向互相错开，眼神也刻意回避开来，在用餐后各自离去。

3 上级的真实意图需要用心揣摩

除了最高层领导外，每个员工都有上级领导。有一些领导会将他们的意图和目的清晰地传达给手下。而有些领导则不喜欢那样直白，他们总以为下属知道他们头脑中想些什么，尽管他们并没有说明。

面对这样的领导，如果不知道了解领导心思，只是埋头蛮干，尽管工作很努力，也有成绩，但却无人知晓，在加薪之时，也没人想到你；相反，如果对领导的指令、言论，哪怕是一个极小的暗示，都有着很强的领悟力，总能及时准确地领会领导的真实意图。这样的员工，领导通常会青睐有加，评优、加薪首先想到他。

可见，了解领导的心思很重要。了解的途径可以是多方面的，比如：

读眼神

领导是最会用眼神说话的一类人，如果能读懂领导的眼神，你也就了解了领导一半。

当然，领导也是人，他的眼神传达的意思也不可能与平常人眼神传达的意思相差太远。（关于一般情况下，眼神所代表的含义上文中已经讲过，此处不再累述。）只不过，由于身份地位的不同，领导对下属的眼神也还会有一些特别的暗示。

就拿领导惯常说的“你看着办！”为例。如果你善于观察他的眼神，你会发现，这句话可能有好几种意思：喜悦的眼神，表示“你的想法不错，看情况自己把握就行”；愤怒的眼神，表示“上次类似的事情办得不好，这次你可要提高警觉，按照我的要求去办”；悲哀的眼神，表示“反正没有希望了，你想怎么办就怎么办吧！”；不安的眼神，则可能表示“事情危急，我也没有把握。你比较清楚，用心看着办”。

此外还有，领导在说话的时候，从上到下打量你，则表明他占据优势地位，拥有支配的权力；领导友好地、坦率地看着你，甚至还眨眨眼睛，则表明他对你评价比较高或他想鼓励你，或者请求你原谅他的过错；领导用锐利的眼光目不转睛地盯着你，意味着他不相信你，希望从你那获得真实讯息；领导一边说话，一边用眼睛瞥他的钟或表，表示他想结束谈话；领导闭上眼睛或者看别处不看着

你，有两种可能：一是他不想评价你，想用不重视来惩罚你，另一种可能是他感到疲倦或者心烦……

总之，不论你身处何职，都应该注意对领导的观察，留意领导的眼神，读懂领导的心思，这样才能让他喜欢你，器重你，提拔你。

看姿势

透析领导的肢体语言，也是读懂领导心思的重要途径。下面就让我们来看看领导们的一些标志性肢体语言都“说”了什么吧。

当领导两只手的指尖轻轻相碰，形成尖塔式手势，放在嘴上或颌下，这往往代表他对眼前的事很自信。三成以上的领导者，在和下级进行私人谈话时，都喜欢以这种手势作为开场动作。这时，你千万不要以“尖塔式手势”回应他，否则只会给领导留下自鸣得意、狂妄自大的印象，微笑、点头，频频附和他说的话才是正解。

如果领导竖起食指挡着嘴，其他手指顺势托着下巴时，你千万别误以为他正在思考你的话。这个姿势更多的是领导在表达不耐烦的情绪。如果你仍滔滔不绝，听者可能还会用食指摩擦眼睛，这种姿势常被误读为——对方听入迷了，但其实是人体在厌倦时的自然反应。如果面对领导的这个姿势你还没有加快节奏，很可能会招致领导的厌恶。所以，赶紧减少那些没必要的铺垫，直接把重要内容抛给领导，并加快语速，让领导明白，你正为缩短谈话时间而努力。

如果在与领导的沟通过程中，你发现他不由自主地用手摸耳朵，或靠近耳朵的颧骨和脸颊，有时眼睛还会漫不经心往桌上看。那一定是领导正在对你的话表示怀疑。毕竟听下属汇报不确定消息，不是什么愉快的事，他这么做是试图分散瞬间的不快。

面对领导的这种手势，我们需要根据当时的情况区别处理。

如果你自己也不太肯定所汇报的消息是不是完全准确，最好迅速转换话题，或在陈述末尾加一句：“这个问题我还要再想想，回头汇报。”如果你能保证消息准确性，那么就可以在陈述的同时，十指交叉，摆在桌上。这是表达自信的动作，但不要忘了面带微笑，否则领导会觉得这个动作给他压力。

如果你发现在你陈述的时候，领导一边听着你说，一边轻轻点头，那么这就表明领导在赞同你说的内容，对你的建议非常满意。也有一些男性领导，会用轻轻对搓双手的动作表示赞同或感兴趣。不过，千万不要得意忘形，如果在接下来的谈话中你夸夸其谈一些不着边际的事情，反而给领导留下办事不牢靠的印象。保持你的谦和态度，甚至应该有意放慢语速，斟酌自己的用词，讲一些更有实际意义的内容。

当领导一边说话，一边身体前倾，或者他还会将一只手向前平摊，手心朝上放在桌面上，语速还会减慢，双眼直视你的嘴唇或眼睛。说明他已经做好准备听你说点什么，看你做点什么了。如果你可以把自认为最精彩的言论放在这时说，领导一定会格外重视。当然，你的不同意见或者之前不太好开口的事情，也最好选在这个时机。

如果在你发言时，领导对你展现出这种姿势——双臂环抱，身体靠后，那么，无论说没说完，你都要在最短时间里结束本次谈话。因为双臂环抱是一种保护性姿势；而身体后靠意味着领导想与你拉开距离。这两种意思放在一起，说明领导已经厌恶你了。你就不要再试图用最后几秒说清自己的观点了，更不要再提重要观点，因为即使说了，领导也不会在意。

4 没有能力不行的员工，只有不会用人的老板

用人是管理者的重要职责之一。用什么样的人，不仅反映了管理者自身的素质状况，而且在一定程度上直接决定着部门，甚至整个企业的工作能否搞上去。这就要求管理者要提高用人水平。

而要想提高用人水平，一个基本前提就是识人。

根据员工气质安排他们的工作

气质，俗称脾气、性情，根据苏联生理学家巴甫洛夫的高级神经活动类型学说，我们大致被分为胆汁质、多血质、黏液质、抑郁质四种气质类型。

作为管理者，我们要知道，每一种职业和工作都有特定的性质和内容，对工作人员的气质也都具有一定的要求，而从事某项工作的人员气质究竟如何，对工作效率是有影响的。因此，管理者在安排工作时，应该考虑到员工的气质，因人制宜、有的放矢。

胆汁质（兴奋型）员工

就是平常人们说的急性子。情绪兴奋性高，感情强烈，易激动；对外界刺激反应快、敏捷但欠灵活；行为果断，意志坚强，具有外倾性；精力旺盛，办事效率高。但急躁、轻率、爱发脾气，以至鲁莽、简单化。

对于胆汁质的员工，可委以突击性的、开拓性的工作。

在人际关系的处理中，对这类员工，要注意不激怒他们，同时可以对他们有话直说，因为此种质型的人常常是快人快语，不喜欢别人拐弯抹角、吞吞吐吐。

在宣传教育中，对胆汁质的人要多疏导，注意退其刚火，联络感情。

对下属进行批评时，对胆汁质的人要避免硬碰硬。

多血质（活泼型）员工

情绪兴奋性高，对外界刺激反应迅速、灵敏；待人热情、主动、乐观，活泼好动，外倾性明显；易接受新事物，但体验不深刻，情感易产生也易变化；善交际，办事效率高。但注意力易分散，兴趣易转移，行为不专一，甚至会失之轻浮。

对于多血质的的员工，可委以灵活、多样和需要广泛交际的工作。

在人际关系的处理中，对这类员工，有话不仅可以直说，还要有足够的刺激量，否则常常引不起他们的重视；有时还可以同他们开开玩笑，以联络感情。

在宣传教育中，对多血质的人要注意将心比心，并注意培养其扎实、专一精神。

对下属进行批评时，对多血质的人批评应严肃一些。

黏液质（安静型）员工

就是人们常说的慢性子。情绪兴奋性低，反应缓慢，动作迟缓；待人持重、安详、沉着；情感不外露，内倾性明显，工作迟缓，办事按部就班；情绪不易变化，行为刻板，容易保守，以至显得没有生气。

对于黏液质的员工，应委以艰巨、持久、需要很大耐心的工作。

在人际关系的处理中，对这类员工，管理者应一字一板地向他们交代任务，提出问题，但应该注意耐心；有时，不能一提出问题就要他们完全理解，应允许他们有一定回味、思考的时间。

在宣传教育中，对黏液质的人教育要耐心，必要时应给予一定的鞭策、督促，促使其工作节奏加快。

对下属进行批评时，对黏液质的人不要以为他们不说话就是心服口服。

抑郁质（抑制型）员工

情绪兴奋性低，对外界刺激反映不强烈，但内心常思潮翻滚，多愁善感；待人接物冷淡刻板、孤僻、严重内倾；内心体验细微深刻，但办事效率低；常表现为与世无争，落落寡欢。《红楼梦》中林黛玉可说是此种气质的典型代表。

对于抑郁质的员工，应委出需要细微、谨慎的工作。

在人际关系的处理中，对这类员工，和他们谈话要谨慎小心，要防止因言差语错而刺伤其自尊心或使其背上包袱；对此种人要不开或少开玩笑，因为这可能使他们吃不消，甚至引起误解。

在宣传教育中，对抑郁质的人要注意循循善诱，多关怀体贴，多采取迂回“战术”。

对下属进行批评时，对抑郁质的人则应尽量避免公开批评。

另外，在组织群体的时候，管理者还要考虑气质互补。因为每一种气质特征既有好的一面，又有不好的一面，但人们结合成为一个群体时，却可以形成气质互补。例如，纺织工人必须同时看管多台纺织机。

这种工作既需要稳定的注意力，以便发现断头，消除故障，又需要灵活的注意力，能迅速地转移注意，以利于同时照顾多台纺织机。有些属于黏液质的纺织工人，具有注意的稳定性，但缺乏注意迅速转移的灵活性；一些属于多血质的工人，具有注意迅速转移的灵活性，但缺乏注意的稳定性。如果让多血质与黏液质的两个工人合作看管一些纺织机，发挥气质的互补作用，就可以弥补对方的短处，使工作效率得以提高。

按员工性格采取对应的管理方式

在生活中，人们通过认知和实践活动，会对集体、他人、学习、工作以及自己等方面产生特定的态度，并且在态度的支配下，逐渐形成特有的行为方式，这就是人的性格。要想说服下属，让他们依照你的意志行事，就必须摸清下属的性格，对不同的人采用不同的方法，既不能千篇一律，也不能“牛不吃草强按头”。

性格耿直的员工

性格耿直的员工，往往被人称做“硬汉”。个性很强，有自己独立的见解，说话从不拐弯抹角。即使是面对领导，批评起来也毫不含蓄、毫不避讳，常使领导感到难堪。也因此，他们一般不受领导喜欢。同时，他们在同事之间的日子也不好过，那些懒散职员憎恨他，那些无才无学的人妒忌他，那些阿谀奉承上司的人疏远他……

但作为管理者，你要知道这种人优点是很多的。比如，这种人头脑清晰，思维敏捷，遇事果断。从不会因困难吓倒，往往具有“明知山有虎，偏向虎山行”的精神，而相信人能征服一切艰难险阻。也不会因一时的挫折而情绪低落、一蹶不振，他相信乌云之后必是晴天。

因此，英明的管理者，不但不应该计较他的直言不讳，反而应该栽培、改造他，给他一些私人辅导，使他在接人待物，应付人际关系时掌握一定的技巧。

性格孤僻的员工

性格孤僻的员工，通常习惯单独行动，他们有自己的生活方式，不希望被别人打扰。不爱讲话，并且不屑与一些“凡夫俗子”共同谋事。疑心也很重，干任何事情都担心别人议论，因而惶惶不可终日。与他人交谈时，他们喜欢抓住谈话中的细枝末节胡乱猜疑，一句非常普通的话有时也会使其恼怒，并久久铭刻在心。不过，他们的这种孤僻性格，不是一天两天才产生的，是有很多原因引起的，有生活上的原因，有工作上的原因。

作为管理者，你要注意，这些员工虽然在大多数情况下还不属争端的制造者，但是他们冷僻的性格，或是偶尔犀利的言语常常会给群体内带来一些消极的影响。

面对性情孤僻的员工，你不必强迫自己帮助他们改变什么，但是你完全有理由像关心其他员工一样关心他们。比如，在学习、工作、生活的细节上多为他们做一些实实在在的事，尤其是在他们遇到了自身难以克服的困难时，友谊的温暖便会消融他心中冰霜的屏障。一旦他们从心底接受了你，那么尴尬的局面必然会得到控制，你的能力和领袖形象也会稳步攀升。

当然，这种关心也仅限于一般的工作上的接触。如果你为了能和他接触，而整日耐着性子，装出一副热情有加的样子和他称兄道弟，保证不会得到什么好的结果。尤其是当他们感觉到你是为了某种目的而想和他们“套近乎”时，他们一定会从心里认为你是一个十分虚伪的人。

其实这类寂寞的人群总有他们独特的方式来享受这独处的时光。仔细观察了解，看看脾气古怪的员工，是以什么方式打发时间的，以此作为突破口，打开彼此间的僵局。另外，因他们的过分敏感，谈话时你还要特别留神，措辞、造句都要仔细斟酌。

性格死板的员工

性格“死板”的员工，往往是我行我素，对人冷若冰霜。天生缺乏创意，喜欢模仿他人，做人、处世的方法和语言都按照别人的样子，既没有自己的主见，也没有自己的风格。没有现成的规矩，他就不知该如何行事。实际情况发生变化时，也不知道灵活运用，只是搬出老皇历，寻找依据。同时，他们对新事物、新观点接受得也较慢。因此，他们的发展水平存在一个局限，他一生中难以超越这个局限。

当然，他们同样也有优点。比如他们做事认真负责，易于管理，虽没有什么创见，但他们一般不会发生原则性的错误。一般的事情交给他们去办，他们能够按照上级的指示和意图进行处理，往往还能把事情做得令上级十分满意，难以挑剔。

因此，要管理好死板的员工，最重要的是要学会工作分配。一般而言，管理者可以试着把一些常规的琐事委任于这类人，他们通常都能按照上级的指示，模仿上级的做事风格，搬用上级的做事方法，把事情完成得非常符合要求。

另外，如果你可以使他们改掉死板的毛病，那无疑也为你对他们有效的管理添上了一分力量。在这个过程中，更多的是要有耐心、要循序渐进。所谓死板的人，总是希望维护好自己的内心平衡，不愿意出现那些令人心烦的事。如果你能够设身处地地为他们着想，维护其利益，逐渐使对方去接受一些新的事情，从而改变和调整他们的心态。

性格沉静的员工

也就是所谓“老黄牛”式的员工，他们往往是勤勤恳恳、踏踏实实，不事张扬。缺点就是过于沉静而显得行动不够敏捷。但千万不要因为他们的低调，就理所当然地忽略他们的成绩和存在。事实上，他们看待问题是又深又远，只因不愿意说出来，才可能会被别人忽略，其实听听他们的意见应该还是很有启发的。因此，对那些不事张扬的员工，管理者是非常有必要抽出时间来倾听的。

另外，“老黄牛”式的员工还有一个问题是，即使职务对自己并不合适，他们也会抱着是上级安排的，就应该努力干好的心理，而不会主动向上级提出来。这时就需要管理者用心观察他们的工作情况，如果发现他目前的职务对他并不合适，就应及时做出调整。而且，每个员工的自我预期都不同。如果管理者想当然地将他们归类于那些创意型的员工中，不但无助于工作的开展，还会挫伤“老黄牛”式的下属的积极性，进而对上级失去信任。

事实上，“老黄牛”式的员工，是很容易管理的一类人。他们很容易得到心理满足，作为管理者只需要把“饼”画得清楚就行了。也许并不需要对这类员工进行特别的动员和嘉奖，只需要对企业的未来有一个长远、清晰的规划，就可以拴住他们的心，为企业继续任劳任怨。

另外，还有一个最重要的方面就是，像对待那些为企业做出突出贡献的下级一样来用心对待他们。对于管理者来说，平时的工作常像赶场似的忙忙乱乱，那些不事张扬的员工，平时干的好事和成绩未必都能得到及时的表扬。年终了，员工认为上级未必知道的功劳，不奖也就不奖了，要好话都不给一句，岂不让人心凉？如果上级此时脱口而出，对他们的鼓励作用可能比奖金更可贵。